A CORRECT KEY

TO THE

ENTERED APPRENTICE,

FELLOW CRAFT

AND

Master Mason

DEGREES

FIFTIETH EDITION

BULLIS & HOLDEN
CLEVELAND O

. . . INDEX . . .

E. A. L. O.

W. M.—Th brn w cl a t ofc r t thr s ⸸
B. S. W. s y t a pr a E. A.

S. W.—I a s W, t al pr a E. A.

W. M.—C t brn t o a sch, r y tl t ls·.

S. W.—B, cm t o a E. A. (Br rse a gv th d·g.)

W. M.—†—† B J D. w i th ſ c o a L o E. A.

J. D.—T s tt th L i t. W.

W. M.—At t tt d a inſ t T tt w a ab t op a L
o E. A. a d h t tl ac

(T J. D. gos to dr. opns it wde a insts t T,
Cls t d a gvs †††.   T T rspds b †††.   J. D.
retns t h p.)

J. D.—T L i tld, W.

W. M.—H.

J. D.—B a b o t d w t i d, a w t pr impt o h o.

W. M.—H d.

J. D.—T obt a o cns a evsdprs, a s tt n p o r
b sch a a q a h p

W. M.—†† B S. W., w cm y.

S. W.—Fr a L o t H Sts ʃ o J.

W. M.—W t c y h t d.

S. W.—T l t sub m p a i n i M.

W. M.—T i pr y a a M.

S. W.—I a s tkn a a amg brs a f.

W. M.—W wr y m a E. A.

S. W.—I a l L o sch.

W. M.—H m c a L o E. A.

S. W.—S o m.

W. M.—W o 7 o w d i c.

S. W.—T W. M., S a ʃ Ws T, S, S a ʃ Ds.

W. M.—T J. D. pl.

S. W.—A t r o t S. W. w.

3

W. M.—B J. D , yr d.

J D.—T car m f t S. W. i t w t th J. W. i t s, a e a t L a t m d, to a t al a t d a s tt t L i tld, w.

W. M.—T S. D pl.

J. D.—A t rt o t W. M.

W. M.—B S. D . y d.

S, D.—T c or f t W. M. i t e t th S. W. i t w. a e ab t L a, h m d, to a t al a t d o th p-r. r a co c, i a ac v b.

W. M.—t Secs p.

S. D.—On t l o t W. M.

W. M.   B S., y d.

S.—T ob t pro o t L, m a rec o a thngs pr t h w, rec a mons p .to t L a p t s t th Tr.

W. M.—T Tr pl.

S.—On t r o t W. M.

W M.—B T., y d.

T.—T rec a mons f t hds o t S, m due entrs o t s, a p thm o by or o t W. M. a cons o t L.

W. M.—T J. W. s.

T.—I t s, W.

W. M.—B J. W., w i t s.

J. W.—A s t s in t s a h t is t b a g o t d, s is t J. W. i t s, t b t ob t tme, to cl t crft f l t reft s f ref t l, a t o o t W. M.

W. M.—T S. W. s.

J. W.—I t w, w.

W. M.—B S. W. w i t W.

S. W.—A t s is i t w at t c o d. s i t S. W. i t w t a t W. M. i opng a cl t L. to p t cr t w as tt n g a dis, h b t s a sup o a instns. es ths.

W. M.—T Ms S.

S. W.—I t e, w.

W. M.—W i t e.

S. W.—A s t s r i t e t opn a il me t d, s r t W. M. i t e, t op a enltn t L, to s t c t o wk a g t pr instn.

4

W. M.—B S. W.. i is m w a pl tt a L o E. A. b n opnd, ths y wl com t th J. W. it t brn m h d n a gov t ac.

S. W.—B J. W., i is t or o t W. M. tt a L o E. A. b n op, ths y w rprt t th brn, itt t hvng d n m g ts ac.

J. W.—†† Brn, it i t or o t W. M. tt a L o E. A. b n o, tke n thf a l it b due.

W. M.—Tgthr, brn (Sns.) Note: Ea o t frst 3 offs rap W. M. † S. W. † J. W. † Pr.

W. M.—I n decl t L o E. A d opnd, B J. D. inf th T.

Note:—Th brn rem stdg, J. D. gos t the dr. opns i a infs t T, cls t d a gvs ††, wch is ansd b th T b ††† T J. D. retns t h pl a slts t W. M.

Whl t J D. i atdg t h dty t S. D. gos to wst sde of t A., disps t Grt Ls, sal t W. M. a rts t h pl.

W. M.—†.

W.

Note:—If a spc m t W. M. a ste t obj f wh it ws cld.

F. Sec.

W. M.—B S. a J. Stds (Thy ap at Altr and alt), y wl ret a pro the qusts to the C.

Note:—Th sat, retre a pro t fol qus:

Fst.—D y decl up y hon tt y h nev m ap to any L a been rej.

Second.—Do y bel in t evlng G as rvld in th H. B., a tt i is y dty t pay H th revce due fr t cretre to th Crtor. (For other qstns see Mon.) Th Sds retn t Al a slte.

S. S.—W., th qsts h b pro a satly ans.

W. M.—Y wil ret, pr a prst t c.

Note:—T Sds rtr a p e t c a fols:

Div h o a mete sub, rmv al cltg ex drs a u s, slp o rt ft, lft br, k a ft bre c t onc abt h nck a h-w. He is condct t th d a rqd t g 3 K. T Sds w il be par to act w dig a decrm.   No oth brn shd b prs.

S. D. (Risg a hs pl.)   W., t i an al a t dr o t p r.

W. M.—At t th al.

S. D.—(Gos t th d, gvs 3 ks, opns t d wde a s) W c there.

S. S.—Mr. ———— a p bld c, w i dcs o b brt t d t l, a recvg a p in t rts a benfits o t w L, er t G a ded t th H. S. J. a a brs a f hv d bef.

S. D.—Mr. ———— is t o yr o f w a ac.

Can.—I i.

S. D.—(To S. S.) I h d a tr pr, wor a w qul, o lfl a a prly v f

S S —H i.

S. D.—B w f rts o bnfts d h ex t g ad.

S. S.—B bng a m, f b, o g r a wel rec.

S. D.—I i w; h w wt utl t W. M. i info h rq a h a rtd.

Note :—S D. cls t d a gs t th A.

W. M.—B S. D. w i t c o t al.

S. D.—Mr. ———— a p b c w i d o b b f d t l, a recg a p i t rts a bnfts o t w L, e t G a d t th H. S. J. a a bs a f hv d bef

W. M.—I th o h o f w a a.

S. D.—I i.

W. M.—I h d a t p, w a w q, o l a a p v f.

S. D.—H i.

W. M.—B w f r o b d h e t g a.

S. D.—B bng a m, f b, o g r a w rec.

W. M —I i w, l hm e a b rec i d f. (S. D. gs t th d a opns i w.)

S. D.—L h en.   (Can entrs)

S. D.—Mr. ———— on y f ad i a L o E A y
a r upn t p o as mst prest t y n l br, wch i t tch
y tt a ths i a i o tor t th fl, s m t recn o i b t y
consc s y ev presm to rev t s o F. M. unlfty.

Note:—Whl t c i std i t w aft hs rec, t L m.
b eld up a a sutble o m b sng.

S. D.—(Cndtg c t lft o Al.) Be en upn a i
u i t prpr to inv t b o G; y w t k f t b o p.

Note: It i sugstd tt th Stwds wlk in front
of S. D. and can in all circumambulations.

Whn th can knls they cross rods ovr his hed,
th S. D. stndg behd him.

W. M.—†††. Note:—Th W. M. or Ch rds
or rec a pr.

W. M.—†. (W. M. gs t th Can pl hs rt hd
upn hs hed.)

W. M.—I tms o dif a dan i w d y pt y tr?
Can.—I G.

W. M.—Y tr b i G, yr fth i w f, a, f y g a
f n d.

Note:—Preceded by th Sds the S. D. a Can
ps in fro t W. M. in stt lne t th s sde o t L, tn
at rt an, contg aid t L utl t J. Ws. stn i r a sec
tme. Ech ofct gvs a rp as they ps hs sta. On
rchg t J. Ws. stn th sec tme thy hlt a fce th J.
W., th Stds tkng pstns on th rt a lt o thm. Stds
crs rds ov t S. D. a Can. Whl th ar psg ar t l.
t W. M., t Chp, o sm oth br rds o rec. "Be hw
6," &c, or i m b sng or chntd.

S. D.—†††.
J. W.—W c h.
S. D.—Mr. ———— a p b c w i d o b b f d t l,
a recg a p i t rts a bfts o t w L, e t G a d t th H.
S J. a a brs a f hv d b.
J. W.—Mr. ———— i t o y o f w a a.
C.—I i.

7

J. W.—I h d a t p, w a w q, o l a a p v f.

S. D.—H i.

J. W.—B w f rts o bens d h e t ob ‘hs fav.

S. D.—B b a m, f b, o g r a w r.

J. W.—I i w; y hv m pr t p t ‘h S. W. f fur ex.

Note:—Th S. D. a c rep t th S. W.

S. D.—†††.

S. W.—W c h.

S. D.—Mr. —————— a p b c w i d o. b b f d t l a r a p i t r a b o t w L, e t G a d t t l l. S. J. a a b a f h d b.

S. W.—Mr. —————— i t o y o f w a a.

Can.—I i.

S. W.—I h d a t p, w a w q, o l a a p v f.

S. D.—H i.

S. W.—B w f r o b d h e t o t f.

S. D.—B b a m, f b, o g r a w r.

S. W.—I i w; y h m p t p t th W. M. f hs ex.

Note:—Th S. D a c rep t th e.

S. D.—†††.

W. M —W c h.

S. D.—Mr. —————— a p b c w i d o b b f d t l a r a p i t r a b o t w L, e t G a d t th H. S. J , a a b a f h d b.

W. M.—Mr. —————— i t o y o f w a a.

C.—I i.

W. M.—I h d a t p, w a w q, o l a a p v f.

S. D.—H i.

W. M.—B w f r o b d h e t o t f.

S. D.—B b a m, f b, o g r a w r.

W. M —J i w; con t c t th S. W., w wl tch h t apch t e i d Msc fm.

Note:—Th S. D. a can go t th w via t sth sde of L; tt is, kpg t rt hnd as usl t th Alt.

S. D.—B S W i is t or o t W. M. tt y tch t c t a t c i d M f.

Note:—Th S. W. advcs t th can a reqs h t fce t e.

S. W.—Stp o wth t lft f, brg t hl o t rt t th hol o t lft W., t c is i ord.

W. M.—Mr. ———— bef w c pro fur ᵢ is nec tt y t a sol o o ob per t ths d, wch I asre y w nt intrf w y dty t G, y c, y n o ysf; wth ths as a y w t tke t o.

C.—I a.

W. M.—B S. D. pl t c a t Al i du fm, klg o h nkd l k, h rt fmg a sq, h lt h sup a h rt rstg upn t H. B., sq a cs.

W. M.—†††. Note:—Th L shd fm i 2 par lns frm t e, th Stds stndg w crsd r ov t c; th lgts trnd dn. Th W. M. advcs t th Alt.

W. M.—Say I, pr y n i fl a rep af m (Hr fls t ob.) I ———— o m o f w a acd, i th pr o Am G a ths w L, erc t G a ded to th H. S. J., d h-by a h-on, mst sol a sin pr a s, tt I w alws hle, ev con a rlev rev, t scts o t d, o any prt t of, t a per i t wld, ex i b t a t a lfl b o ths d, o i a lgl L o E. A. a nt unt h o thm u aft st tri, d ex o lfl inftn, I s h f h o thm a jsty ent t th s a i a m. I furmre pr a s tt i w n w, p, p, s, s, c, c, mrk o eng thm, o cse t sme t b d, upn a m or im, whby t s o F. M. my b unlfy ob. Tᵤ al of w I do s a s p a sw, bndg m u n l a pen t tt o hvg m trt c (Note:— No ilstn of ctg th c's trt prmtd) m t trn frm its rs, a m b brd i t r sds o t s a l w-mrk, w t td ebs a fls tw i 24 hrs, s I ev b gl o wl v t m s o o obo a, E. A., s hlp m G a k m s.ᵢ

W. M.—In tkn o y sin y wl k t b o wch y hd rsts, wch i t H. B. (Dne.)

W. M.—B S. D. rem t c-t (Dne.)

W. M.—Br ———— bng i d, w d y m ᵤes.

C.—L.

9

W. M.—Brn, y wl ast m i brng o n ob br t
(At ths tme t brn *may* std t ord a E. A.)

Note:—T W. M. retns t th hd o t lus and r o
rects, "In the," &c. Wh h pro t wd l t lst tme t brn
brg hds shply tgthr (no oth dem), at t sm inst 'h
h w i rmd by t S. D. and lts td up.

W. M.—(Aphg t Alt.) Br ——— o b brt t l
y disc t 3 gr l o M b t aid o t reps o t 3 l. T 3
g l o M a t H. B. s a c. T H. B. i g a th rle a
gde o o fth, t s t sq o ac a t c t circ o d a k o p
wtn d b w a m. T 3 less l, repsd b 3 bng tprs
pcd i a trglr f, at sn. m a M o t L. A t s r t d
a t m gvs t nt, s ot t W. M. t end t r a g t L wth
eql reg.

Note:—Stds wdr rds. T W. M. rcts t th c.
t oth ofs (ex t S. D.) t thr stns, a t br tke sts
whout use of gvl.

W. M.—B ——— y n beh m a t W. M. ap y
f t e upn t st, a und t d-g a sn o a E. A. Ths i t
d-g, a alds t th pos in wch y bds w pl a t Alt; a
ths t sn, wch refs t th pen o t ob. I n h t pl o
pre y m r hd i tkn o b l a fdshp, a w i t g a wd
o a E. A., b a y a uninstd I w com t wth t astnc
o t S. D. B S. D . I hl.

S. D.—I c l.
W. M.—W d y c.
S. D.—T see o F. M., ex f h o tm t wm o rt
m hlg.
W. M.—W i ths.
S. D.—A g.
W. M.—A g o w.
S. D.—T g o a E. A.
W. M.—H i a n.
S. D.—I h.
W. M.—G i.
S D.—I d n s r i, ntr c i s i i

W. M.—H w y d o i.

S. D.—L, o hlve i.

W. M.—L, a b.

S. D.—Y b.

W. M.—B y (Is com comcg wth 3d letr.)

W. M.—Ths ws t n o t lft hd pl o t p o K. S. T.   Ars a sal t J. a S. W. a a E. A.

Note:—Th S. D. con t c ard t L b t nth, psng t e t J. W.   T c being instcd gvs t d·g *and* sn (wch a t propr saltns *in all cases.*)   Th sam is g b t Wds stndg.   Aft sal t S. W. t c i con twds t e, a ner t n-e cor o Alt is met b t W. M.

W. M.—I n h t pl o pr y a wht lmbskn ap, &c, car i t th S. W., w w tch y t w i a a E. A.

Note:—Th S. D. con t c t th S. W.

S. D.—B S. W. i i t or o t W. M. tt y t t c t w h ap a a E. A.

S. W.—(Pla t ap).   B ———— Masc trdn infs u tt a t bdg o K. S. T. t cft wr dstghed b t man i wch t w thr aps; E. A. bng brs o bur, wor thrs w t fl td up.

Note:—S. D. con c t th e.

W. M.—B———— ac t a anc cus, ad by a reg L o F. M., i is m d t reqst y t m a dep o sm met sub; nt f its intsc v, bt tt i may b ld u wth t rcs in t arc o t L a a meml tt y wr h m a M.   C y com wth ths reqt.

C.—I c-t.

W. M.—M br, ths req i nt m t trfl w y flgs, b t imp upn y md tt y pr pr a pen con tchs ths imp les: tt shd y haftr m a fd, esp a br M, i des cir, y s con t h rlf so f a y c wout matl inj t ys.   I n pres y th w-t o a E. A., wch a t 24 i g a com gav, &c.   Y wl n be con t t pl wce y cme, invstd w tt o wch y hve b div, a i due tme retd t th L f fur ins.

Note:—T S. D. son c t p-r, whr Stds reinvst him. T S. D. thn retns him to t L a plcs hm i t n-e c, h ft fmg a sq, hl t hl; *not on t stp o a E. A.*

W. M.—B ——— a t y E. A. y a plcd i t n-e cor o t L, y f fmg a sq, y bdy erct, a t rt o t W. M., whr I a pls t s y std a a jst a uprt M, a I gv i y stcly i chg ev t a a wk a sch. Note:—Th c i std i fr o t W. M. fr t.

L.

W. M.—T lec o t deg is div int 3 sec; t frst ● wch i t cery o initn, a i tt thr wch y hv aldy psd. T scd sec ratnly acts f the cerems, wch I wl n ex. Y wr div o a met sub f 2 resns; fst, tt y mt bng a ofsve o defsve int t L; sec, a t b o K. S. T. thr ws nt hrd t snd o a, ham o any tl o irn; t stne wre al hwn, sqd a nmbd i t qrs, t tim fld a prpd i t for o Leb, convd b s to J., a thce b lnd to Jer., whr t bldg w erc b t aid o wdn impts pre for tt pur, a whn fnshd i sev pts ftd w sch extns tt i hd m t apce of bng t hwk o t S A o t U thn o h hds. Y w nei na nr cld, bec F. M. regs n m f h wdly wlth o hon; it ws thfre t sig tt t int, a nt t extnl qualftns o a m shd rec h to b mde a M. Y w nei bf n sh; ths i in confty t a anc Itish cust. W. rd in th b o R concg redg a chng, tt t conf al thgs a m plkd o h sh a gve i t h nghbr, a ths ws a tstmy in Isl. Ths thfre w do in conftn o o sincty. Y wre h-wkd, wth a c-t abt y nk, f 3 rsns; fsi, tt y hrt sh b tght t concve bef y e behld t beauts o F. M; sec, tt a y wre thn i dkns so shd y kp t wrld i reg t th sts o F. M.; thd, tt hd y ref t conf t th cers o y intn y mt b mns o t c t hve bn ld o of t L w bng abl to bhd ev t f thof.

Y wr csd t gv 3 lis knks a t dr f 2 rsns; fst, t

alm t L a infm t W. M. tt a c w prepd r intn; sec, i
alds t a cert pas o scp: a a y shl rec, sk a y shl
fd, kn a i shl b op unt y, wch y m aply thus, y askd
t rec o a fnd t b mde a M. thr his recomtn y sot
admn, y knck & t dr o F. M. ws opd unt y.

Y wr rec upn t pt o a s ins pre t y n l o, for
reasns thn expd. Y w thn con t th cen o t L a
csd t knl f t ben o pr, for resns thn expd.

Af pr y wre akd i whm y pt y tst, bec ac t th
cnst o our Or n ath cn b mde a F. M. It w thfre
nec tt y shd dclr a bel i G, othwe n ob wd b
consd bdg up y.

Y wr thn tkn b t rt hd, ord t ar, fol y gd a fr
no dan, bec i yr con y cld nei fs nor avd dang;
it ws t sig tt y wr i t hds o a tr a trsty fd i whs
fid y mt sfly conf, Y wr con onc ard t L tt t brn
mt s tt y wr dly a tr pr; y wr csd t mt w obsts a
t s, w a e, bec a t bld o K. S. T. thr w grds stnd
a t s, w a e gts t s tt n psd o rpsd b sch a wr
qlfd a h prmn. I ws thfr nec tt y shd b dly ex
bef b m a F. M.

Y wr csd t knl a t Al o y n lft k, y rt h restg up t
H. B., sq a c; th r h w cnsd b o anc brn a t st o
fdlty, wch ws st rep b 2 rt h jnd, a oths b 2 h ngs
hldg ea oth b t rt h. W thf mk use o t r h a a
pldg o o fdty a tkn o o sinc.

Y wr pr w a w lsk ap. T lmb h in a a on
dmd a em o inoc; he thfr wh wrs, &c. Y wr
rqtd t ma a dep o sm met subs, f rea alrdy expu
As t yst E. A. y w pl i t n e cor o t L, bec i op
m t fst st i a bld i usly ld i t n e cor. Y wr pa
thr t rec insts up wch t bld y mor a Mas edfc.

Th 3d sec refs t t cons, frm, sup, cov, fur, orn,
lts a jls o a L, hw sit a t whm ded.

A L con o a cer n o F. M. dly asld wth t H. B.
sq a com a a chtr o dis emprg t t wk. O anc brn

12

usly m o hi hls o i lw vlys, t betr t obs t apch o c
a ed as o desc. T frm o a L i oblng, ex frm e t w
a bet n a S; its hth frm e t h, a its
depth fr t sur t t cent. It i t ex t den t
univstly o F. M. a tt a Ms Chty shd b eq ex. O
inst i sd t be sup b 3 grt pils, den w, s a b, bec
i is nec thr sh b w t con, s t sup a b t adrn a gt a
imp undtgs. Tse pil a rep b t 3 prin ofs o t L.
T W. M. repsts t pil o w, bec h is supsd t hv wis
t gov t L ov wch h prsds. T S. W. rep t p o s,
i b hs dty t s tt n g a dis, har b t s a sup o a
instns esply t. T J. W. rep t pil o b, it bng h d
t ob t s a h 12, wch i t b a g o t d. T cov o t L
i, &c. T fur o t L i t H. B., s a c. T H. B. i
ded t G t sq t t M a t c t t c. T H. B. is ded t
G bec i i t inestmble gft o G t m, a upn i al Ms
a oblgd, t sq t t M bec, &c. T orn o a L a, &c.
T lts o t L a 3, plcd e w a s; thr i n i t n, b K. S. T.
ws set s fr nth o t eclptc tt t s or m a merd ht
cld dt n rs i t nth prt o it; hce t n i Mscly trmd t
pl o dks. T jls o a L a 6, t sq, l, pl, rgh asl, per
a a t-b. T sq tchs mor, t l eq a t p tchs rec o lfe,
&c.

Ls shd b plcd d e a w, bec K. S. T. w so sit.
I ws s sit b M b div com, aft con t Co l th t K.
S., erc a t wch h pl d e a w t perp t mem o tt
mty e wnd b wch th mircls delc w wrt (Ded.
Ten. See Mon.)

E. A. mk ts kn b cer sns, a t, wrd a t per pts
o thr ent. T sn, t a wrd wr ex a t Alt: t per pts
o y ent a 4, t gut, pec, man a ped, a a rep b t 4
car vts, tem, for, pru a jus. Tem is tt, &c.—if
nt t t pen o t ob, tt o hvg t thr c, wch al t t g, a
is t f per p o y en. For is tt nob, &c. —bng rec
upn t pt o a s i pre t y n lft b, wch al t t pec, a i
t sec per p o y ent. Prn tchs us, &c., ev brg i us

t tme wh y klt a t Al a tk t o o a E. A., y l hd
sup a y r rstg upn t 1]. B., sq a com, whch al t t
man, a i t thd per p o y en.   Jus i tt std, &c.,
ev rem t tme wh y std i t n e cor o t L, y ft lmg
a sq, wch al t t ped, a i t fth per p o y ent.

E. A. i anc ts srd t m w frd. fer a zl, wch a
rep b chk, chr a cl.   Thr i nthg mr fr t chk, t
slts tch o wch lvs a trce; n mr fer t chcl t wch wh
wl ltd t m ob mtls yld, a n m zl t c, our m eth,
wch i constly emp f m use, a shd al rem u tt a f i
we cm, s u i w mst ret.   Note:—Inst of t lst t
fol, found in t mon, m b usd: Our mother earth,
&c.   (Th chg is rd.)

EX. L. E. A.

B.—Whe c y.
C.—F a L o t H. S. J. o Jer.
B.—Wht c y h t d.
C.—T l t sub m p a i m i M.
B.—T i pre y a a M.
C.—I a s t a ac amg brs a f.
B.—W m y a M.
C.—M o.
B.—H d y k y t b a M.
C.—B hvg bn o t, nvr d a b w t b t a.
B.—H shl l k y t b a M.
C.—B cer sns, a t, w, a t p p o m e.
B.—W a s.
C.—R angls, h a p.
B.—G m a s.
C.—(G vs t d-g.)
B.—H tt a al.
C.—T hs, t t pos i wch m h w pl a t Al.
B.—G v m anthr.
C.—(G vs t p-s.)
B.—H tt a al.

C.—I h, tt pen o t o.

B.—W i a t

C,—A cer s o b g, whb o M m k a i t d a w a i t l.

B.—Gv m a t.

C.—(Gvs t gp a com t w in t s man a at t Alt.)

B.—W a t p p o y e..¿

C.—T g, p, m a p.

B.—W w y sst p t b m a M.

C.—I m h.

B.—W w y n p.

C.—I a r adjct t t L.

B.—H wr y p.

C.—B b div o a m·s, nei n n c, bf n sh, h-w, w a c t abt m n; i wch con I w cdcd t t d o t L.

B.—H d y k i t b a d, bng h w

C.—B s m w res a a g a.

B.—H gd y a.

C.—B t d k.

B.—W w s f w.

C.—W c t.

B.—Y a.

C.—A p b c, w i d o b h f d t l, a recg a p i t r a b o t w L, e t G a d t t II. S. J., a a b a s h d b.

B.—W w y t a.

C.—I t w o m o f w a a, i I w d a t p, w a w q, o l a a p v s, a o wch bng ans i t as I w a b w f r o b l e t g a.

B.—Y a.

C.—B bng a m, s b, o g r a w rec.

B.—W fld.

C.—I ws dir t wt unt t W. M. shd b infend o m req a h a retd.

B.—W a d h r.

C.—L h e a b r i d f.

16

B.—H w y r.

C.—U p n t p o a s i p t m n l b.

B.—H w y t dis o.

C.—I w con t t cen o t L a csd t knl f t 'o o p.

B.—A f p w wr y a.

C.—I whm I p m t.

B.—Y a.

C.—I G.

B.—W fld.

C.—I ws tkn b t r h, o t ars, f m g a f n d.

B.—W d y f y g.

C.—O ard t L t t J. W. i t s, whr t s q w a, a a r a a t d.

B.—H d t J. W. dis o y.

C.—H per m t ps t t S. W. i t w, a h t t W. M. i t e, whr t s q wr a, a l k e a r a bef.

B.—H d t W. M. d o y.

C.—H o r d m t b c t t S. W. wh tgt m t a t e b o up reg stp, m ft fmg a an o a ob s, m b erc a t Al.

B.—W d t W. M. thn d w y.

C.—H m me a E. A. i d f.

B.—W ws t t d f.

C.—K o m n lft k, m r fmg a s, m lft h sup a m r restg upn t H. B. s a c, in wch d f I tk t ob o a E. A.

B.—R p t t o.

C.—(Re t o.)

B.—Aft t o w wr y a.

C.—W I m disd.

B.—Y a.

C.—L.

B.—O bng b t l wht d y d.

C.—T thr grt l o M b t aid o t rep o t 3 lear.

B.—W a t t g l o M.

C.—T H. B. s a c.

17

B.—W a t t lst.

C.—T s, m a M o t L.

B.—W d y nxt beh.

C.—T W. M. ap m f t e npn t st a und t d-g a sn o a E. A., wh pr m. h rt h, n w i t g a w o ths deg; he thn or m t ar a sal t J. a S. W

B.—Gve t stp o a E. A.

C.—(Gvs it.)

B.—Aft sal t Ws wh d y obs.

C.—T W. M. ap m f t e a sec tme, wh pr m a wh ls ap. a or m t car i t t S. W., wh tgt m t w i a a E. A.

B.—H shd E. A. wr thr aps.

C —W t fl tnd u.

B.—Wh d t W. M. thn reqt o y.

C —A dep o sm mtc sub, b upn st ex I f in des.

B.—W wht w y t pre.

C.—T w-t o a E. A.

B.—W a th.

C —T 24 i g a c gvl.

B —H wr.y t d o.

C.—I was con t t p wce I cme, inv wih tt o wch I h b div, a ret t t L.

B.—O y ret w wr y pl.

C.—I t n e c o t L, m f fmg a sq, m b er at rt o t W. M., wh ws plsd t s I std a a jst a uprt M a gve i m stly i chg ev t a a wk a sch.

CLSG.

W. M.—† B J. D., w i t lst c o a L o E. A.

J. D.—T s tt th L i t, w.

W. M.—Inf t T tt w a a b t cl ths L o E. A. a d h t t a.

Note :—T J. D. gs t t dr as i opng, retns t h p.

J. D.—T L i tld. w

W. M.—†† B S. W., a t op o t L y inf m tt y

18

wr a E. A., m i a lgl L o sch, h m c a L o E. A.

S. W.—S o m.

W. M.—W o 7 o w d i c.

S. W.—T W. M. S a J. Ws., T, S, S. a J Ds.

W. M.—T J. D. pl.

S. W.—A t r o t S. W., w.

W. M.—B J. D. y d.

J. D.—T c m ſ t S. W. i t w t th J. W. i t ɛ, a e a t L a th m d, t-a t t a a t d a s t t t L i td, wfl.

W. M.—T S. D. p.

J. D.—A t r o t W. M.

W. M.—B S. D. y d.

S. D.—T c o f t W. M. i t e t th S. W. i t w, a e a b t L a h m d, t o a t a a t d o th p-r r a c c, i a a v b.

W. M.—T Sec p.

S. D.—O t l o t W. M.

W. M.—B S., y d.

S.—T ob t p o t l., m a ɩ o a t p t b w, r a m p t t L a p t s t t T.

W. M —T T. p.

S.—O t r o t W. M.

W. M.—-B T. y d.

T.—T r a m ſ t h o t S., m d e o t s, a p t o h o o t W. M. a c o t L.

W. M.—T J. W. s.

T.—I t s, w.

W. M.—B J. W. w i t s.

J. W.—A t s i t s a h t i t b a g o t d, s i t J. W. i t s, t b t o t t, t c t c f l t r a ſ r t l, a t o o, t W. M.

W. M.—T S. W. s.

J. W.—I t w, w.

W. M.—B S. W., w i t w.

S. W.—A t s i i t w a t c o d, s i t S. W. i t

19

w. t a t W. M. i o a c t l., t p t c t w a s t n g a
d, h h t s a s o a i, c t.

W. M.—T M s.

S. W.—I t e, w.

W. M.—W i t e.

S. W.—A t s r i t e t o a i t d, s r t W. M. i t
e, t o a e t L, t s t c t w a g t p i.

W. M.—B S. W. i i m w a p t t L o E. A. b
n c, t y w c t t J. W., t t b m h d n a g t a.

S. W.—B J. W., i i t o o t W. M. t t L o E.
A. b n c, t y w r t t b, t t h d n m g t a.

J. W.—†‡† B, i i t o o t W. M. t t L o E. A.
b n c, t n t a l i b d.

W. M.—T b (sns a rps as at opng.)

Note:—Wh tm w a, r or rec a pr o les.

W. M.—I n d t L o E. A. d c, B J. D. i t T.

Note:—Th b rem s, J. D. gs t t d as i opg, r
t h p a sal t W. M.   Whl t J. D. perfs h d t S.
D. gos t wst o th Alt, sal t W. M., clses t Grt L
a rtns t h pl.   W. M. †.

F. C. L. O.

W. M.—T brn w cl a t ofc r t thr s. † B S. W., s y t a pr a F. C.

S. W.—I a s, w, t a p a F. C.

W. M.—C t b t o a s, r y t t l.

S. W.—B c t o a F. C. (Brn r a g t d-g)

W. M.—†·† B J. D., w'i t f c o a L o F. C.

J. D.—T s t t L i t, w.

W. M.—A t t d a i t T t w a a t o a L o F. C. a d h t t a.

Note:—T J. D. g t t d, o i w a i t T; c t d a g ††. Th T. r b †††. T J. D. r t h p.

J. D.—T L i t, w.

W. M.—H.

J. D—B a b o t d w t i d, a w t p i o h o.

W. M.—H d.

J. D.—T o t a o c a e, a s t n p o r b s a a q a h p.

W. M.—†† B S. W., a y a F. C.

S. W.—I a, w, tr m.

W. M.—H w w y b trd.

S. W.—B t s q.

W. M.—W b t s.

S. W.—B i i s o o t w-t o m prot.

W. M.—W i a s.

S. W.—A a o n d, o t f p o a c.

W. M.—W h w y m a F. C.

S W.—I a l L o s.

W. M.—H m c a L o F. C.

S. W.—F o m.

W. M.—W o 5, o w d i c.

S. W.—T W. M., S. a J. W., S. a J. D.··

W. M.—T J. D. p.

S. W.—A t r o t S. W., **w.**

W. M.—B J. D., y d.

J. D.—T c m f t S. W. i t w, t t J. W. i t **s, a**
e a t L a t m d t a t a a f d a s t t L i t, **w.**

W. M.—T S. D. p.

J. D.—A t r o t W. M.

W. M.—B S. D., y d.

S. D.—T c o f t W. M. i t e, t t S. W. i t **w**
a e a t L a h m d, t a t a a t d o t p-r, r a c c, i **a**
a v b.

W. M.—T J. W. **s.**

S. D.—I t **s, w.**

W. M.—B J. **W.,** W i t **s.**

J. W.—A t s i t s a h t i t b **a** g o t d, s i t J.
W. i t s, t b t o t t, t c t c f l t r a f r t l a t o o t
W. M.

W. M.—T S. W. **s.**

J. W.—I t w, **w**

W. M.—B S. W., w i t **w.**

S. W.—A t s i i t w a t c o d, s i t **S. W.,** i t **w,**
t a t W. M. i o a c t L, t p t c t w a s t n g a d
h b t s a s o a i, e t.

W. M.—T M. **s.**

S. W.—I t e, **w.**

W. M.—W i t e.

S. W.—A t s r i t e t o a i t d, s r t W. M. i t
e, t o **a** e t L, t s t c t w a g t p i.

W. M.—B S. W., i i m w a p t a L o F. C. b
n o, t y w c t t J. W., t t b m h d n a g t a.

S. W.—B J. W., i i t o o t W. M. t a L o F.
C. b n o, t y w r t t b t t h d n m g t a.

J. W.—✝✝✝ B, i i t o o t W. M. t a L o F. C.
b n o, t n t a l i b d.

W. M.—T b (Sns.)   Note:—**E** o th fst 3 of r.
W. M. ✝, S. W. ✝, J. W. ✝, W. M. ✝, S. W. ✝,
J. W. ✝.   Pr o Scp.

26

W. M.—I n d t L c F. C. d o, B J. D., i t T.

Note:— Th b r s, t J. D. g t t d, o i a i t T; c t d a g †††, wch i a b t T b †††; J. D. rets t h p a sal t W. M.   Whl t J. D. atd t h d t S. D. gos t t wst o t Alt displs t G Lts, sal t W. M. a rets t h p.

W. M.—†.

W.

Note:—I a spc m t m shd s t obj f w t m w cld

F. Sec.

W. M.—B S. a J. Stds (Th ap a A a s) y w ret, pr a p t c.

Note:—T Sds r a p t c a fls: Div hm o a cl ex d a un, sl o lft ft; rt b, a, k a ft bre; c-t twe abt nak r a, h-w.   He i con t th dr a rqd t g t k.   Th Sds wl b p t a w dig a dec.   N oth brn shd b pr.

S. D.—(Rsg a h pl.)   W, t i a a a t d o t p-r.

W. M.—A t t a.

Note:—T S D g t t d, gvs t k a ops t d wid.

S. D.—W c th.

S. S.—B—w h bn reg int a E A, a n sks fur ì i M b b psd t t d o F C.

S. D.—B—i t o y o f w a a.

C.—I i.

S. D.—(T SS) I h d a t p, w a w q.

S. S.—H i.

S. D.—Hs h m t nec pro i t pr d.

S. S.—H h.

S. D.—B w f rt o ben d h ex t g s

S. S.—B t b o a ps.

S. D.—H h t ps.

S. S.—H h nt, bt I h i f hm.

S. D.—G i (It i gvn).

S. D.—T ps i rt; h w wt unt t **W M i i o h** **a** h a r. (S D clos t d a gs t t Alt).

W. M.—B S D, w i t c o t al.

S. D.—B—w hs b r i a **E A,** **a** n s f J i m **b b** p t t d o F C.

W. M.—I t o h o f w a **a.**

S. D.—I i.

W. M.—I h d a t p, w a w q.

S. D.—H i.

W. M.—H h m t n p i t p d.

S. D.—H h.

W. M.—B w f r o b d h e t g a.

S. D.—B t b o a p.

W. M.—H h t p.

S. D.—H h n, b I h i f h.

W. M.—G i (Gvn).

W. M.—I i w l, l h e a b r i d f (S D gs t t **d** **a** ops i wd).

S. D.—L h e (C ents).

S. D.—B— o y f a i a L o F C y a r upn an **a** o a sq, ap t y n rt br, w i t tch y tt t sq o v shd b t rle a gde o y con t lfr. (See **E A** as t **s**ng).

Note:—Mvmt ar t **L** as i t **E A** deg, onl th g ard twc. Th fst t stns ar psd on rp gn by t ofcr a t sec tm **2.** Sme postn i frnt o J W a i t **E A** d. Whl t a psg ar t **L** t **W** m, t Chap o sm o b, rds o rec, "Thus He shd m," &c, or i m b sng or chtd.

S. D.—†††.

J. W.—W c h.

S. D.—B— w h b r i a **E. A.,** a n s f l i **M b b** **p** t t d o F C.

J. W.—B— i t o y o f w a **a.**

C.—I i.

24

J. W.—I h d a t p, w a w q.
S. D.—H i.
J. D.—H h m t n p i t p d.
S. D.—H h.
J. W.—B w f r o b d h e t o t f.
S. D.—B t b o a p.
J. W.—H h t p.
S. D.—H h n, b I h i f h.
J. W.—G i.   (It i gvn).
J. W.—T p i r; y h m p t p t t S. W. f f e.
S. D.—(In t w) †††.
S. W.—W c h.
S. D.—B— w h b r i a E. A., a n s f l i M. b
b p t t d o F C.
S. W —B— i t o y o f w a a.
C.— I i.
S. W.—I h d a t p, w a w q.
S. D.—H i.
S. W.—H h m t n p i t p d.
S. D.—H h.
S. W.—B w f r o b d h e t o t f.
S. D.—B t b o a p.
S. W.—H h t p.
S. D.—H h n, b I h i f h.
S. W.—G i (I is gn).
S. W.—T p i r; y h m p t p t t W. M. f h e.
S. D.—(In t e) †††.
W. M.—W c h.
S. D. —B— w h b r i a E. A., a n s f l i M b
b p t t d o F C.
W. M.—B— i t o y o f w a a.
C.—I i.
W. M.—I h d a t p, w a w q.
S. D.—H i.
W. M.—H h m t n p i t p d.
S. D.—H h.

25

W. M.—B w f r o b d h e t o t f.

S. D.—B t b o a p.

W. M.—H h t p.

S. D.—H h n, b I h i f h.

W. M.—G i.   (It i gvn).

W. M.—I i w; c t c t t S. W., w w t h t a t e i d M f.

S. D.—B S. W. i i t o o t W. M. t y t t c t a t e i d M f.

S. W.—(Hvg csd t can t fce t e). Gv t stp, d-g a sn o a E. A.; st off w t rt f, b t hl o t lft t t hol o t rt.   W., t c i i o.

W. M.—B— b w c p f i i n t y t a s o o o p t t d, w I a y w n i w y d t G., y c, y n o y; w t a a y w t t t o.

C.—I a.

W. M.—B S. D. p t c a t A i d f, k l g o h n rt k, h lft f a sq, h rt h r upn t H. B., s a c, h l a f a an sup b a sq.

W. M.—†††.   Note:—T. L. shd fm sme as in E. A. deg.

W. M.—(Advnc t t Alt).   Sa I, p y n i f a r a m,—o m o f w a a, i t p o A G. a t w L., e t G a d t t H. S. J., d h a h, m s a s p a s, t I w n c t s o t d, o any p t, t a p i t w, ex i b t a t a l b o t d, o i a lgl L. o F. C., a n unt h o t unt a s t, d e o lfl i, I s h f h o t a j e t t s a i a m.

If p a s, t I wil con t a ab b t rls a reg o t F. C. d s f a t m c t m k.   T a o f w I d s a s p a s, b m u n l a p t t o h m l br tn o p, m h t tce a g a p t t vul o t a, s I e b g o w v t m s o o o o a F. C., s h m G a k m s.

W. M.—In tkn o y sin y wl k t b upn wch y hd r, wch i t H. B. (Dne).   B S. D, rem t c-t. (Dne).

W. M.—Br— b stl i d, w d y m des. C

26

(Prmptd by 't S. D.)· F lt.

W. M·—B S. D., b h t l.   (It i dn, a at s tm lts a t up).

W. M.—O b br t l y dis t s lts o M a bef, w ths dif, o pt o t c i elev a t s, wch i t sig tt a yt y h r lt i M. bt par.

Note:—Stds wd rds.   Th W. M. ret t t e, t othr ofcrs (ex t S. D.) t t sts, a t brn tke sts without u o gvl.

W. M.—Y n b m a t W. M. ap y f t e u t s, a u t d-g a s o a F. C.   T i t d-g, a a l t t p i w y h w p a t a; a t t s, wch refs t t pen ө t o.   I n h t p o p y m r h, a w i t p s, tkn o t ps gp a w o a F. C., b a y a unstd I w com thm w t ast o t S. D.   T y wl rem i t gp o a E. A.   B S. D., wl y b o o f.

S. D.—F.

W. M.—F w a t wht.

S. D.—F t .gp o a E. A. t t ps gp o a F. C.

W. M.—P , w i ths.

S. D.—T p-g o a F. C:

W. M.—H i a n.

S. D.—I h.

W. M.—G ı.   (Dne).

W. M.—W y b o o f.

S. D.—F.

W. M.—F w a t w.

S. D.—F : p, to t rel gp o a F. C.

W. M.—P., wh i ths.

S D.—T rl g o a F. C.

W. M.—H i a n.

S. D.—I h.

W. M.—G i.

S. D —I d n s r i, nei c i s i i.

W. M.—H w y d o i.

S. D.—L., ө h i.

W. M.—L., a b.

S. D.—Y b.

W. M.—B y.   (Is com comcg wth 2d let).

W. M.—1 ws t n o t rt h pil o t pch o **K. S. T.**   Ar a sal t J. a S. W. a a F. C.

Note:—Sam inst a i t E A. deg.   Aft sal t Wds t c i c t t e.

W. M.—B S. D., con t c t th S. W., w wl tch h t wre h ap a a F. C.

S. D.—B S. W., i i t or o t W. M. tt y t t c t w h ap a a F. C.

S. W.—B— y wl w yr ap w t fl td d, bec a t blg o K. S. T. t F. C. wr dstgd b wrg thrs i tt man.

Note:—S. D. a c retn t t e.

W. M.—B— I n pre y t w-t o a F. C., wch a t p, s a lev, &c.

W. M.—Y wi n b con t t pl wc y c, inv w tt o wch y h bn div a i d tim ret t t L. f fur inst.

Sec. Sec.

S. D.—T sec s o thr deg refs t t orig o t instn a vws M und 2 dentns, op a spec.   By op Mas, &c.   B spc M, &c.   We a spec Mas oly; o anc brn wrt i op as wl a i spec M; t wrt 6 ds bef t rec tr wgs; th d nt w o t sev, bec i six ds G. cre, &c.

We ar nw abt t mk a r adv t a pl rep t m c o **K. S. T.**   T F. C. o thr w thitr hd t ps thr a prch, a t ent o wch wre t bra pil, t on o th lft, cld B. wch den sth; th oth on t r, J, w sig t estb; tog t al t th prom o G. t D. tt h wd est Hs hse o k f.   Thse pil wr cst b H. A., a wd s, o t tr o N, on t plns o J., in t cl gd bet Suc a Zer.   T wre cst hol, t bet t ser a sfe repstrs f t rec o F M ag indtne a confgtns.   Th wr eigtn cub h,

twlv i cir o fr in diam, a sur by chp o fve cub,
mkg thm ea twy thr cub hi.   Ths chap w orn
wth lily-w, n-w a pom. T lil, fr i pur a t retd sit
i wch i grs, den p, t n-w, frm t intimte con o i
pts, den unty, a th poms, fr t ex o thr sds, den
pl.   (Monitor).

Aft psg the pil th ar a fts o wndg str, cons o
3, fve a 7 s.   T 3 s a sd t al t t 3 prin o o t L.,
th W. M., S. a J. W.   (They tke 3 s).   T 5 s a
sd t al t t fve o o arct, t T., D., I., C a C; th a
als sd t a t t 5 h sen, h, s, f, sm a tas; th fst 3 o
wch a mst estl t Mas, for b t sns o hr w hr t w,
b tt o sng w s t sn, a by tt o fig w fl t gp whb o
M. m k anth, i t drk a wl a i t l.   (Th tke 5 s).
Th sev s a sd t al t t sev lib a a scins, wch ar G,
R, L, A, G, M a A S (Mon.)   W nw
arv a a pl rep t otr dr o t m c †††.

J. W.—W c thr.
S. D.—F. C. o thr w t t m t.
J. W.—G t ps.   (It i gvn).
J. W.—Wh ds i den.
S. D.—Pl.
J. W.—Hw i i rep.
S. D.—B e o crn susp n a wfd.
J. W.—H d it orig a a ps.
S. D.—I con o a qurl bet Jep jdg o Isrl a t
Ephts; th E hd lng b a turblent a reb pe whm J
st t sub b len meas b w eft; th bng hily incd a nt
bg cld t ft a sh i t rch sp o t Am w, nath tog a
mty ar, a cr t riv j t g j bat.   B h b apr o th ap
gath togh t m o G., g t b apt t t flt, a t mk h
vic m com, h sta gds a t psgs o t J a com thm
sh a at to ps, to sa unt t, sa nw Sh, b t E bng
o a dif trbe cld nt frm t pro t wd art, b s Sib,
wch trif def prd th en a cst t thr lvs, a t fl a tt t
frty a t th.

J. W.—G m t tkn.   (It i gvn).

J. W.—T ps a tkn a rt p on.

S. D.—(A t w.)   W n ar a a pl rep t inr d o t
m c †††.

S. W.—W c th.

S. D.—F C o t w t t m c.

S. W.—Gv m t gp a wd.   (Rel gp a wd g it
reg mr.)

S. W.—T g a wd a r, p o (T c i con t t e.)

W. M.—B—— y h nw ar a a p rep t m co K. S.
T., whr y w b en a a F. C.   Y a n ent t t wag o
a F. C., wch a c, w a oil; t crn o nour, t wn o r,
a t o o joy.   Y a als en t t jls o a F. C. wch a
an at e, inst tge a ftfl br.   T at e rec t sd f t ins
tng, a t mystrs o F. M. a sly ldg i t rep o ftfl
brts.   I wl n dir y at t t l G., wch i t intl o Geo
(mon) ††† B, m br, t let G fur al t t sac n o G.,
bef whm al M, fr t yst E. A. who sts i t n e cor,
t t W. M. wh pre † t e, wth a cre intgt bgs, shd
with rev mst hum bw † (chg.)

EX. L. F. C.

B.—A y a F. C.

C.—I a, t m.

B.—H w y b t.

C.—B t s.

B.—W b t s.

C.—B i i o o t w-t o m prof.

B.—W i a s.

C.—A an o 90 d o t f p o a c.

B.—W wr y pre t b m a F. C.

C.—I a r adj t th L.

B.—H wr y p.

C.—B bg nei n nor cl, b n sh. h-w w a c-t twt
ab m nkd r a, i wch con I w cnd t t d o t L a cnd
†mk a al b 3 d knks.

B.—W ws s f win.

C.—W c t.

B.—Y a.

C.—B— w hs b reg int a E. A., a n sks f l t M b b psd t t d o F. C.

B.—W w y t a.

C.—I i w o m o f w a a, i I w d a t p, w a w q, & i I h m t n p i t p d; a o w b a i t a, I w a b w f r o b i e t g a.

B.—Y a.

C.—B t b o a p.

B.—D y g t p.

C.—I d n, m g g i f m.

B.—W fld.

C.—I w d t w u t W. M. shd b i o m r a h a r.

B.—W a d h r.

C.—L h e a b r i d f.

B.—H wr y r.

C.—O a an o a sq a p t m n r b.

B.—H w y t d o.

C.—I w c t w c a t L t t J. W. i t s, w t s q w a, a a r a a t d.

B.—H d t J. W. d o y.

C.—H p m t p t t S. W. i t w, a h t t W. M. i t e, w t s q w a, a l a r a b.

B.—H d t W. M. d o y.

C.—H o m t b c t t S. W., w t m t a t e b 2 v r s, m f f a a o a o s, m b e a t A.

B.—W d t W. M. t d w y.

C.—H m me a F. C. i d f.

B.—W w t d f.

C.—K o m n r k, m l f a s, m r h r u t H. B., s a c, m lf a f m g a an s u p b a sq, i w d f I t t o e a F. C.

B.—R p t t o.

C.—(Re t o.)

35

B.—A t o w wr y a.

C.—W I m d.

B.—Y a.

C.—F l.

B.—O b b t l w d y disc.

C.—T s l o M a b, w ths dif, o pt o t c ws el a t sq.

B.—W d y n beh.

C.—T W. M. a m f t e upn t s a und t d-g a s o a F. C., wh pr m h rt h, a w i t p, tkn o t p, g a w o ths deg: h thn or m t a a s t J. a S W. a a F. C.

B.—Gve t st o a F. C.

C.—(Gvs it.)

B.—Gv t d-g o a F. C.

C.—(Gs i.)

B.—H tt a al.

C.—I hs, t t pos i wch m h w p a t Al.

B.—Gv t sn o a F. C.

C.—(Gvs i.)

B.—H tt a al.

C.—I hs, t th pen o t o.

B.—G m th ps, tkn o t ps, gr a w o a F. C. (C tks b b th gr o a E. A.)

B.—W y b o or fm.

C.—F.

B.—F w a to wt.

C.—F t g o a E. A. t t ps gr o a F. C.

B.—P. (Dne.)

B.—Wt i ths.

C.—T p gr o a F. C.

B.—H i a n.

C.—I h.

B.—G i (Gvn.)

B.—W y b o o fm.

C.—F.

B.—F wt a t w.

C.—F t ps t th re gr o a F. C.

B.—P. (Dnc.)

B.—W i ths.

C.—T re gr o a F. C.

B.—H i a n.

C.—I h.

B.—G i.

C.—I d n s rec i nei c i s i i.

B.—H wl y d o it.

C.—L, o hlv i.

B.—L, a b.

C.—Y b.

B.—B y. (Gvn sm a a Alt.)

B.—Af sal t W w d y obs.

C.—T W. M. i t e, w o m t b cont ɫ t S. W., wh tgt m t w m ap a a F. C.

B.—H shd F. C. wre t ap.

C.—W t flp tnd dn.

B.—W wt w y t pres.

C.—T w·t o a F. C.

B.—W a th.

C.—T' pl, s a lev.

B.—H w y t d o.

C.—I w c t t p w I c, i w t o w l h b d, a r t t l..

B.—O y r hw w y dis o.

C.—I ws con thr a pch, a b flts o w s, con o 3, fve a sev sts, t a pl rep t m c o K. S. T., whr I rec ins rel t t w a jls o a F. C.

B.—W a t wag o a F. C.

C.—C, w a o.

B.—W a t jls o a F. C.

C,—An at e, inst tge a ftfl brst.

33

CLSG.

W. M.—†.   B J. D , w i t lst c o a L. o F. C,

J. D.--T s t t L i t, w.

W. M.—Inf t T. tt w a a t c t L o F. C. a d h t t a.

Note:—T J. D. gs t t d. tks sm stp a i opg, a r t h p.

J. D.—T L i t, w.

W. M.—††.   B S. W., a t o o t L y i m tt y w r a F. C. m i a lgl L o s, b m c a L o F. C.

S. W —F o m.

W. M --W o 5 o w d i c.

S W.—T W. M., S. a J. W., S. a J. D.

W. M.—T J. D. p.

S. W.—A t r o t S. W., w.

W. M --B J. D., y d.

J. D.—T c m f t S. W. i t w t t J. W. 1 t s, a e a b t L a t m d, t a t a a t d a s t t t L i t, w.

W. M.—T S. D. p.

J. D.—A t r o t W. M.

W. M—B S. D. y d.

S. W.—T c o f t W. M. i t e t th S. W. 1 t w, a r a b t L a h m d, to a t a a t d o t p-r, r a c c, i a a v b.

W. M.—T J. W. s.

S. D.—1 t s, w.

W. M —B J W., w i t s.

J. W.—A t s i t s a h t i t b a g o t d, s i t J. W. i t s, t b t o t t, t c t c f l t r a f r t l, a t o o t W. M.

W. M.—T S. W. s.

J. W.—I t w, w.

W. M.—B S. W., w i t w.

S. W.—A t s i i t w a t c o d, s i t S. W. i t w

34

t at W. M. i o a c t L, t p t c t w a s t n g a d, h
L t s a s o a i, e t.

W. M.—T M. s.

S. W.—I t e, w.

W. M.—W i t e.

S. W.—A t s r i t e t o a i t d, s r t W. M., i
t e, t o a e t L, t s t c t w a g t p i.

W. M.—B S. W., i i m w a p t t L o F. C. b
n c, t y w c t t J. W., t t b m h d n a g t a.

S. W.—B J. W., i i t o o t W. M. t t L o F.
C. b n c, t y w r t t b, t t h d n m g t a.

J. W.—†††. B, i i t o o t W. M. t t L o F.
C. b n c, t n t a l i b d.

W. M.—T b. (Sns, rps twice arnd.)

Note:—Wh tm w ad t W. M. sh rd or rec a
pr o les.

W. M.—I n d t L o F. C. d c, B J. D. i t T.

Note:—T brn rem stg, t J. D. gs t t dr, ops a
lmfs t T.; he thn clses t d a ††† wch i ans b †††
by t Tr; h r t h pl a sal t W. M. Whl t J. D.
per hs dty t S. D. gos t th wst o t Alt sal t W.
M., clses t Grt Ls a rts t h p.

W. M.—†.

O. L. M. M.

W. M.—T brn w el a t of rep t t s.

W. M.—† B S. W.. s y t a p a M M.

S. W.—I a s. w. t a p a M M.

W. M.—C t b t o a s, r y t t l.

S. W.—B c t o a M M (B r a g t d g).

W. M.—† † B J D, w i t f c o a L o M M.

J. D.—T s t t L i t. w.

W. M.—A t t d a i t T t w a a t o a L o M Madhtta.

Note:—T J. D. gs t t d, opns i wde a infs t T.; cls t d a †††. T T rspnds by †††. T J. D. retns t h p.

J. D.—T L i t. w.

W. M.—H.

J. D.—B a b o t d w t i d a w t p t o h o.

W. M.—H d.

J D.—T o t a o c a e, a s t n p o r b s a s q a h p.

W. M.—†† B S. W., a y a M. M.

S. W.—I a. w.

W. M.—W b t ind y t bec a M. M.

S. W.—T t i Mt rec Ms wgs, thby bng enbld to sup m a f, a con t t r o w d M. M., thr wds a orps.

W. M.—W h w y m a M. M.

S. W.—I a l L o s.

W. M.—H m c a L o M. M.

S. W.—T h o m.

Note:—Th num 3 is smbolical; th const number t op a L a trans bus th-in i eight mem o t L.

W. M.—W o 3. o w d i c.

S. W.—T W. M. S a J. W.

W. M.—T J. W. s.

S. W —I t s, w.

W. M.—B J. W., wits.

J. W —A tsitsahtitbagotd, sit J.
W its, tbtott, tctcfltrafrtlatoo
t W. M.

W. M.—T S. W. s.

J. W.—I t w, w.

W. M.—B S. W., witw.

S. W.—Atsiitwatcod, sit S. W. it w,
tat W. M i n act L, tptctwastngad,
h b t s a s o a i, et.

W. M.—T M s

S. W.—I te w.

W. M.—Wite

S. W.—Atsritètoaitd, srt W. M. it
e, to net l., tstctwagtpi.

W. M.—B S. W., i im w a p t a L o M. M.
b n o, t y w c t t J. W., t t b m h d n a g t a

S. W.—B J. W., iitoot W. M. t a L o
M. M. b n o, t y w r t t b. t t h d n m g t a.

J. W.—╫. B, iitoot W. M. t a l. o M.
M. b n o, t n t a l i b d.

W. M.—B S. W, h v y t r a a M. M.

S. W.—I h v, wfl. fr w t e a f e t w.

W. M.—O wt wr y i scb.

S. W.—O t wch ws l.

W. M.—T wt d y al.

S. W.—T t sec o a M. M.

W. M.—D y f i.

S. W.—I d nt, b fd a sub.

W. M.—B S. W., i is m wl a pl t t sub b st t
t e, ac by t d-g a sns.

Note: —T sub shd b snt th brn frmd i 2 par
lns, facg inwd. Wh nec t sve tme t sub m b st
thr : D's.

37

S. W.—T b wl fm lns, a t D r t t w.

Note:—T S. W. com t sub frst t t J. D. a thn
‿t S. D. T J. D. wl com t t frs bro o th sth
lne a t S. D. t t frst bro o t nth lne. T sub i t
com by o bro t an; th lst bro i ea ln w com t th
D. of hs respc lne. Th S. D. wil then c t t W.
M., aft wch sme by th J. D.

W. M.—B S. W., t s h c t t e crtly. Tog
brn. (Sns).

Note:—Frst 3 ofs rap W. M. †, S. W. †, J.
W. †, W. M. †, S. W. †, J. W. †. W., M. †, S.
W. †, J. W. †. Pr o Scip les.

W. M.—I n d t L o M. M. d o, B J. D., i t T.

Note:--Th brn rem stdg, t J. D, gos t t dr,
opns i wd a inf t T.; clos t d a g †††, wch a an
by t T by †††; t J. D. retns t h p a sal t W. M.
Whl t J. D. i atdg t h dty t S. D. gs t t wst sde
o t Alt, disps t G. Lts., sals t W. M. a ret t hs pl.

W. M.—†.

W.

Note:—If a spc m t W. M. sh st t obj f wch t
m w cld.

F. Sec.

W. M.—B S. a J. Stds. (Th repr t Al a sal).
Y wl ret, pre a pre t c.

Note:—T Sds sal, retr a pre t c a fls: Div h
o a clthg ex drs a unsht, brsts a lgs t t k bre,
b-f, h--w a a c-t 3 t abt h bdy. H i con t t dr a
reqd t m 3 knks. T Stds wl be par t act wth
dig a dec. N oth brn sh b pre i t p-r.

S. D.—(Rsg a hs pl). W, t i a a a t d o
t p r.

W. M.—A t t a.

Note:—T S. D. gs t t d, gvs 3 kns a ops i.

S. D.—W c th.

S. S.—B— w h b r i ä E. A., ps t t deg o F.
C., a n sks m l i M. b b rsd t t s d o M. M.

S. D.—B— i t o y o f w a a.

C.—I i.

S. D.—I h d a t p, w a w q.

S. S.—H i.

S. D.—H h m t n p ı t p degs.

S. S.—H h.

S. D.—B w f rt o ben d h e t g a.

S. S.—B t b o a p.

S. D.—H h t p.

S. S. H h n, b I h i f h.

S. D.—G i. (Gvn.)

S. D.—T ps i r: h w w unt t W. M. i i o h ʀ
a h a r.

Note:—T S. D. cls t d a gs t t Alt.

W. M.—B S. D., w i t c o t a.

S. D.—B— w hs b r i a E. A., p t t d o F. C.,
ɡ n ꜱ mr l i M b b ɪs t t sub d o M. M.

W. M.—I t o h o f w a a.

S. D.—I i.

W. M.—I h d a t p, w a w q.

S. D.—H i.

W. M.—H h m t n p i t p dꜱ.

S. D.—H h.

W. M.—B w f r o b d h e t g a.

S. D.—B t b o a p.

W. M.—H h t p.

S. D.—H h n, b i h i f h.

W. M.—G i. (Gvn.)

W. M.—I i w, l h e a b r i d f.

Note:—Th S. D. gs t t dr a ops i wde.

S. D.—L h e. B— o y fst ad i a L o M. M. y
ɑʀ re upn t pts o t c, ex fm y n lft t rt bst, wcꜧ
t ꜱig, tt a t vtl pts o m a wthn t brsts, ꜱ a t

39

mt val tnts o our prf contd win t pts o t c, weh a> b-l, rel a t.

Note:—See E. A. deg as to sngng. T S. D. con t c 3 tms ar t L, obsvg sm ord as in prec degs. Thd tme ard t ofcs rap 3 tms. Whl th ar psg ard t L t M. or Chap wil read, "Rem nw thy Cre.," &c., or it may be sg or chan.

S. D.—††††.

J. W.—Wch.

S. D.—B—w h b r i a E. A., p t t d o F. C., r n s m l i M. b b r t t s d o M. M.

J. W.—B—i t o y o f w a a.

C.—I i.

J. W.—I h d a t p, w a w q.

S. D.—H i.

J. W.—H h m t n p i t p d.

S. D.—H h.

J. W.—B w f r o b d h e t o t f.

S. D.—B t b o a p.

J. W.—H h t p.

S. D.—H h n, b i h i f h.

J. W.—G i.   (It i gvn.)

J. W. –T p i r; y h m p t p t t S. W. f f c.

S. D.—†††.

S. W.—W c h.

S. D.—B—w h b r i a E. A, p t t d o F. C., a n s m l i M. b b r t t s d o M. M.

S. W.—B—i t o y o f w a a.

C.—I i.

S. W.—I h d a t p, w a w q.

S. D.—H i.

S. W.—H h m t n p i t p d.

S. D. –H h.

S. W.—B w f r o b d h e t o t f.

S. D.—B t b o a p.

S. W. –H h t p.

40

S. D.—H h n, b I h i f h.

S. W.—G i. (I is gvn.)

S. W.—T p i r; y h m p t p t t **W. M. f h e.**

S. D.—†††.

W. M.—W c h.

S. D.—B—w h b r i a **E. A.**, p t t d o **F. C.**, a n s m l i M b b r t t s d o M. M.

W. M.—B—i t o y o f w a a.

C.—I i.

W. M.—I h d a t p, w a w q.

S. D.—H i.

W. M.—H h m t n p i t p d.

S. D.—H b.

W. M.—B w f r o b d h e t o t f.

S. D.—B t b o a p.

W. M.—H h t p.

S. D.—H h n, b I h i f h.

W. M.—G i. (I is gvn.)

W. M.—I i w, c t c t t S. W., w w t h t a t e i d M f.

S. D.—B S. W., i i t o o t W. M. t y t t c t a t e i d M f.

S. W.—(Hvg reqd t c t f c t e.) Gv t stp, d-g a s o a **E. A.**—g t s, d-g a s o a **F. C.**,—st e w t h lft ft, b t h o t r t t t h l o t h. W t c i i o.

W. M.—B— b w c p f i i n t y t a s o o o p t t d, w I a y w n i w y d t G, y c, y n o y; w t a a y w t t t o.

C.—I a.

W. M.—B S. D., p t c a t A i d f, k o h nkd ks, h hds r upn t H. B., s a c †††.

Note:—Th L shd fm i 2 par lns fm t e, th Sts stg w crs r ovr t c; lts trd dwn.

W. M.—(Hvg ad t t Alt.) S. I, p y n i f a r a m—o m o f w a a, i t p o A. G. a t w L, e t G a d t t H. S. J., d h a h, m s a s p a s, t I w n e

41

t s o t d, o a p t . t a p ı t w , e i b t a t a l b o ı
d, o i a l L o M. M. a n unt h o t unt a s t, d e o
li, I s h f Ło t a j e t t s a I a m. If p a s t I
w nı cht, wg, o def a L o M. M. . o a b o t d. F,
I w nt hv ilct car intc w a M. M. w, h m. s o dtr,
knɔ hr t b sch F, I w n g t sub f t M. M. wd i a
o man o fm thn tt i wch I sh rec it. F, I w nt
b pres at intng, psg o rsg o a w, an ol m i dot. a
yn ın und ag, a ath, md m o a fl, k hr o hm t b
sch. F, I wl ansa ad ob al lfll sns a sums s t m fm
a L o M. M. o gvn m b a bro o ths dɘg, if w t
lth o m c-t. F, I wl ad a ast al wor, dis M. M.,
thr wds a ord, s fr a I c w mat inj t m o fam. F,
I will kp t secs o a M. M. whn rec b m a sch,
mur, tre a othr felns ex. F, I w mant a sup t ls,
rls a regts o t, o a oth L o M. M. o wch I m bec
a meb, th con, ls a edc o t Gr Lge un wch th
sm shl be hldn, s f a t m c t m k. T al of w I d
so! a sin p a s, bd m und n ls a pen t tt o hg m
bod sev i tw, m bwls tkn thnc a br t ash, and ths
ash sct t t 4 wds o h, tt n mre remce m b hd o
m amg m o M f, sh I e b g o wil vi t m sol o o o
o a M. M., s h m G a k m s.

W. M.—M b, i tkn o yr sin y wl ks t b upn
wch y hds r, wch i t H. B. (Dne.) B S. D.,
rem t c-t. (Dne.) B— bng st i d, w d y m des.

C.—(Prmtd.) M l.

W. M.—B S. D., b h t l. (Dne, a lts a tr up.)
B— o bg bt t lt y dis t sm lts o M a bef, w ths
dif, bıh pts o t c a e a t s, wch i t tch y. (Tks up
t comp) nvr t lse st o t mor aptn o ths val inst, b
wch w a tgt t cir o des a kp o pas w d bds w a m.

Note:—Stds wthdr rds. T W. M. ret t t e, t
oth ofc (ex t S. D.) to thr stns, a th brn tk thr
sts wtht th u o gvl.

W. M.—Y n beh m a t W. M. ap y f t e up t

42

st. a un t d-g a sn o a M. M.   Th i t d-g, a al t
t pos i wch y hds wr plc a t Alt; a t t sn wch refs
t t pen o t ob.   I n hve t pl o ag pres y m rt h,
a w i t ps gp a w o a M. M., b a y a un, I wl com
thm wth t ast o th S. D.   Th y w rem i t re g o
a F. C.   B S. D., w y b o o fm.

S. D.—F.

W. M.—F w a t wh.

S. D.—F t re gp o a F. C. t t ps gp o a M. M.

W. M.—P. (Dne.)   W i ths.

S. D.—T ps gp o a M. M.

W. M.—H i a n.

S. D.—I h.

W. M.—G i.   (It i gvn.)

W. M.—T C w o t 7th gen fm Ad a ws t fst
wh wrt i irn a brs; h ws th instr o ev artfcr i thos
mets, a i thf rev amg M.   Ar a sal t J a S W
a a M. M.

Note:—Sme instn as t saltns as in pre degs.
S. D. a c g o t t e.

W. M.—B S. D., con t c t t S. W., wh w tch
h t wr h ap a a M. M.

S. D.—B S. W., i i t o o t W. M. tt y tch t c
t w h a a a M. M.

S. W.—(Plcg ap).   M b, mas tra infs u tt a t
bdg o K. S. T. t mas wo t aps i t fm o a tri, t
dis tm a ovsrs o t w, y ar t, as a M. M. ent t wr
yr i tt man.

Note:—S. D. a c retn t t e.

W. M.—B— I n pre y t w-t o a M. M., &c.
(Mon.)

W. M.—Y w n b c t t p w y c, i w t o w y h
b div a i d t ret t t L f fur inst.

Note:—Th S. D. a c rep t t Alt a salt t W. M.

W. M.—†.   B J. W., cl t bn f l t ref.

J. W.—†††.   Bn, i is t or o t W. M. tt y b

43

eld: fm lab t ref, tke ntc a gv yslvs ac †.

Note:—C is tkn t p·r a prepd f sec sec.   H l clhd, h-w a inv wth J. W.'s j.   T W. M. a S. W. retr fm t L.   T Tem i sup t be desrtd thfre al mst b sil.   Notg shd b dn t intrpt t w.   T ruf mst nt b violt or boistrs i man.

S. D.—(Condtg c).   B— hertfre y lv apr as a can i sch o lt i Mas.   Nw y asm t chtr o o anc, op G. M. H. A., whs dly cus it ws, a hi 12, wh t cft w cl fm l t ref, a o L nw i, t retre int t unfds s or h o h o t Tem, t ofr u h devt t t ev lv G. W a nw i a pl rep t s s o h o h, a i im o hs pi ex y wl knl a pr, ei men or audby, a y chs; wh y conc s a aid.   (A & ris.)   Af fin h dev o G. M. H. A. ars a atp t g out b t s gt.

— ah G. M. H. A., I a gl t mt y ths al, I hv lg st ths op; y rem y prom us t st o a M. M., wb w mt tr i for cts a rec M.'s wgs, beh, t Tem i nly com, a w hv nt y r tt f wch w h s lng wrt. tfr gv m t st o a M. M.

S. D.—M br, ths i nt a pr tm o pl t gv i; wt unt t Tem i com, t i fd wor y w und rec i.

— ah.   Tk n t me o tm o pl, bt gv m t st o a M. M.

S. D.—I c n, nei c i b gv ex i th pr o S., K. o I., H., K. o T., a mslf.

— ah.   Th ds n sat m, g m t st o a M. M. o i w t y lf.

S. D.—I w n .   (— ah ats c o tht wth t-f i ge).

S. D.—H thn at t ps o b t w gt.

— oh G. M. H. A. g m t s o a M. M.

S. D. —I c n.

- oh G m t s o a M. M.

S. D. —I sh n.

-- oh G m t s o a M. M. o I wl tk y l.

S. D.—I w n (— oh st c o t br w a sq).

S. D.—H thn at t mk h esc b t e gt.

— um. G. M. H. A., g *m* t s o a M. M.

S. D.—I c n.

'— um. G m t s o a M. M. o I w t y l.

S. D.—I s n.

—um. Y hv esc — ah a — oh, m y c n es, wt I pur I per; I hl i m hd a ins o dth, thfe g m t s o a M. M. o i w t y l instly.

S. D.—I w n.

—um. T d (— um st c o hd w s-m).

Note :—Let thr be no lev; wh can hs fln to 3 *aln* rem wth hm.

— ah. Wt hord d i ths, w hv sl o G. M. H. A.. a h n ob tt f wch w hv s l wrt — oh. Ths i n :m f refts; wt s w do wth t b.

— um. Lt u bry i in t r o t Tem unt l 12 wh w wl m a const a t wt w sh d w i (— ah & — oh, agd).

Note :—Rs sep a ret a sht dist; t cl stks tw slwly; aft wch a pse of a fw sec, th rs asm ard t c.

—ah. W hv mt acd t ap, wt sh w d w t bdy.

—um. Lt u c i i a wsly crs fm t Tem a b i at t br o a hl, wh I h bn a dg a gr.

— ah & oh. Agrd.

Note:—T bd sh b tkn up crfly a card, shds hi t th w, a deps o th flr dircty in frt o th S. W.'s stn, wth ft t th e. No bx o oth reptn o a cof is t b usd. It mst b a sol & impsv cer.

— um. L u pl ths spg o a a th hd o t gr tt w m fd th pl sh oc req; nw l u mke o es fm t c (— ah & oh. Agr). Note:—G twds th t-d.

— um. Th is r sh cp. l u inq hs destn. Cp, i tt yr sh yon.

C.—I i.

— um.   Whthr bnd.

C.—T E.

— um.   Th vr pl w wnt t rch; d y sl sn.

C.—I d, wtin a hr.

— um.   W 3 des psg a wl pa a onc; wh a yi dem.

C.—Hv y K. S. p.

— um.   No, w hv nt; w wre st off o urg bsns & a ps ws dmd uncery.

C.—Th y c n g. as n on i per t l t c w K. S. p.

—um.   L us ret & proc one — ah & oh.   Agr.

Note:—Th mve twds t n-w cor o L — ah. Nw wt sh w do.

—oh.   L us st a bt & pt t se.

—um.   Tt wl nev d, this i a rgh a dan cst, a w wil certly b lst.   L u ret int t hly ctry a tk ref i a cavn.   (Ah & oh sa agd & al g t p-r).

Note:—Confu is repstd amg th brn.   Th wlk abt t L prmscly a ask: Why ar thr n desns upn t t-b?   Whr i o G. M. H. A.?   Durg th confu th W. M. as K. S., a th S. W. as H. o T. (entitld S. G. W.) clthd i roy rbs. ent a tke thr stns, K. S. hvg i h hd a spter.   K. S. gvs † wch cls t L fm ref t lab.

K. S.—B S. G. W., w i t cse o ths con.

S. G. W.—M. E. K. S., th a n des drn upn t t-b, t ca a t idl.

K. S.—No des upn t t-b, wh i o G. M. H. A.?

S. G. W.—M. E., I c-n t, h hs bn msg suc h 12 yes.

K. S.—I fr h i ind, y wl cse t sev apts o t Tem t b schd, a s i h c-n b fd.

S. G. W.—Cftsm i is t or o K. S. tt t sev apts o t Tem b schd, t se i o G. M. H. A. c-n b fd.

Note:—Th Deacs a Stds ea i qck sucn ask: Hv

46

y sn anthg o o G. M. H. A.? Ans. (By brn slctd f th pur.) Nt snc h 12 y.

J. D.—B S. G. W., th sev ap o t Tem hv b sch, bt o G. M. H. A. hs n bn id.

S. G. W.—M. E. K. S., due sch a inq hv b m, b w ef.

K. S.—I fr s ac h bef o G. M. H. A., y wl cse t rl o t cft t b cld.

S. G. W.—B Sec., i is t or o K. S. tt y cl t rl o t cit.

Note:—Twl brn shd b selct t rept 12 F. C., wh wl ansr t th nms asnd thm. Th Sec. wl cl 3 nms, thn th n o — ah thr tms. H wl thn c thr oth ns, thn — oh 3 t. He wl thn cl thr mre ns, thn — um thr ts, aft wch h w cl t 3 rem ns. Th 12 brn shd b nmbd i t 12, a th shd oc sts on sth sde o hl, wth No 1 or hd of lin near Sec.'s dsk. Se dig No 1 fst pos. Aft t rl i e t 12 brn (at a Sig flle lft i frt o t e a fce t W. M. See dia No 1, sec pos. No 9 stps t t fr.

No. 9.—M. E. K. S. w 12 F. C., w 3 o, sg t T nr i com, a b des o obtg t st o a M. M., ent i a cons t ex i fm o G. M. H. A. o tke hs lfe. Ref w hor upn t atroc o t cr, w h rect, bt hs contd abs caus u t fr th o hv per i thr mur des. W thf a bef y cl w wh g a ap i tok o o inc a hmb imp y par. (Th knl a t wds imp y p, a gv t d-g o a F. C.)

K. S.—Ar; d y int parts a tr, te, t w, t n a t s, i sch o o G. M. H. A. a yr fel constrs. On yr ret rept t t S. G. W.

Note:—T 12 ars. (No 9 hvg resd hs pl i t lne), th whl t t lft b 3 s, mve t n-e cor, col lft u hlt. Se diag No. 1 3d pos.

Sec.—B S. G. W. t rl o t cft h bn cld; 3 F. C. a msg, — — a —.

S. G. W. —M. E. t rl o t c h b cl a 3 F. C. a
m — — a —.

K. S.—B S. G. W., th hv a bef m 12 F. C.
wh con tt th, w 3 oth. hd cn int a cons t cx fm o
G. M. H. A. t st o a M. M. o tke h lf. On ref
they 12 hv re, bt his con abs cses thm t f t oth
hv per i thr m desn. I hv s o ths w con, 3 e,
th w, t n a 3 s, i sch o o G. M. H. A. at o c.

Note:—T 12 nw mve as fol: Nos. 1, 2 & 3
adv a pce or 2. whl lf, crs t hl, wh lf agn, go t t
s-e cor, wh to inw fce a hlt. Nos. 4, 5 & 6 fol
Nos. 1, 2 & 3 til th rch t sth sde o hl, thn wh rt,
go t a pnt jst ws o Al, wh t in fce a ht. Nos. 7.
8 & 9 mv t th w, wh lfnr t n-w cor, ps in ft o th
S. W. a wh rt t w-f-m. Nos. 10, 11 & 12 wh t
in fce, tke a stp to rear a blt. See diag No. 2
No. 7. (whle mvg frd). Th i a rgh c, w mst b
nr t cst o J.

No. 8.—(Stl mvg.) Thr i a w-f-m, l us inq o
hm, h m hv tdgs.

No. 9.—(Hvg rchd t w-f- m.) Hl fd, hv y sn
a stgrs ps ths w.

W. F. M.—I hv sn 3, w fm thr ap wrc w-m
fm t Te, skg a ps t E, bt bng un t ob i th retd
int th c.

No. 7.—Ths i tid, l us g up a rep. (Ns 8 a 9
s agrd.)

Note:—7, 8 a 9 abt fce, wh lf, cr hl t n-w cor
wh lf a hlt. No 10, 11 a 12 wh rt a mv qckly t
th re o 7, 8 a 9. No 1, 2 a 3 fwd acs hl to n-e
cor, wh lf a mv t t r o 10, 11 a 12. Ns 4, 5 a 6
cr t hi, wh l a mv t r o 1, 2 a 3. See diag No. 3

No. 9.—(Stpg out a sal t S. G. W. w t d-g o a
F. C.) B S. G. W., we wh trv a wsly crs, m a
w-i-m n t cst o J. o whm w inq i h hd sn a st ps
tt w, h inf v h bd sn 3, w fm thr ap wr w fm

Tem, skg a ps t E, b bng un t ob i hd ret int t c.
(No. 9 resm h pl)

S. G. W.—M E t 12 F. C. h ret w tds.

K. S.—W a t.

S. G. W.—T 3 w tr a wsly crs m a w-f-m n t c o J, o wh th inq i h hd sn a sgrs ps tt w; h inf t he hd sn 3, wh fm t ap wr w fm t Tem, skg a ps t E, b bng un t ob i hd ret int t c.

K. S.—B S. G. W., y wl sd t 12 F. C. out as bef, w ths pos inj tt i t d nt fd ei o G. M. H. A. o t m F. C. they shl thsvs b dmd t m a suf ac.

S. G. W.—Cfim, it i th or o K. S. tt y b snt o a bef, w t p i, tt i yo d n f ei o G. M. H. A. o t m F. C., y sh y-s b d t m a s ac. G fth in ob t hs ord a rem tt upn yr suc wl dep y lvs. Wh y ret rep t me.

Note:—Th 12 F. C. abt fce a mv by 3s as fols: No 4, 5 a 6 m t t n-e cor, wh rt, m t t s-e cor. wh rt, m t a pnt jst w o t J. Ws stn. wh t inw fce a hlt. No 1, 2 a 3 m t n-e cor, wh rt, m t t s-e cor. wh t inw fce, tk stp t rear a hlt. Ns 10, 11 a 12 m t t n-e cor, wh t in fce a hlt. No. 7, 8 a 9 m t t n-e cor, wh rt, fwd t a pnt wthin abt 3 ft of Ns 1, 2 a 3, wh rt fwd t a pnt ops th hd o t can, thn tke postns in sing fle nr hd o c. No. 8 a lit way a No 7 stl fur towds th dr o th p-r. See diag No. 4.

No. 9.—Bn, w hv tr a lng a rug rd, a hvg ascd ths hl y lke m-s m be wea, lt us st d, rst a ref o-s.

No. 8.—Bt rem K. S. inj; w sh lse n tm; cm, lt u go.

No. 7.—W sh n endg o lvs. W mst pr.

No. 9.—B i a ver wea a mst rst, (sts dn—a sht silnc.)

No. 8.—Cm, m br, lt us con o srch.

No. 9.—(Risg.) Hl, brn, on rsg I ac ct hld o

t sp o ac, wch ea gvg w ex m susp.

No. 8. —(Stpg fwd.) Th grd h bn rec rem.

No. 7.—(Hvg ret t th pl.) I h t ap o a gr.

— ah. O t m tht h bn c, m tng tn fr i rts, a m b br i t r sds o t se a l w m, wh t tde e a fls tw i t-f hrs, e i h con t th d o s gd a m a o G. M. H. A.

No. 7.—Tt i t vce o — ah.

— oh. O t m l b h b trn o, m h tkn t a gn a pr t t vul o t a, e i h bn acsry t t d o s g a m a o G. M. H. A.

No. 8.—Tt is t v o — oh.

— um. O t m bod h b sev i twn, m bls tkn t a brn t ash, a thse ash sct t t f wds o h, tt n m rembe mt b hd o m a m o M for, e'r I hd csd t d o s g a m a o G. M. H. A.

No. 9.—A t i th vce o — um, lt us rsh i, sz, bd a tke t up t t h Tem. (Nos 7 a 8 sa agrd.)

Note:—Drg al ths tm t 3 r's wr i t p-r. Ns. 7, 8 a 9 ar a br t in, hltg in t n-w cor. t r's bng kpt in fnt. Nos 10, 11 a 12 wh rt a m ws to t fnt o 7, 8 a 9. Ns 4, 5 a 6 fwd t th n sde o t hl, wh lf a m t t re o 10, 11 a 12. Ns 1 2 a 3 fwd t t n sde o t hl, wh lf a m t t re o 4, 5 a 6. T 3's wch ar fcg t w , wl nw abt fce. See Diag No. 5.

No. 9.—(Stpg out a sltg.) B S. G. W., w wh tr a wes cr fr t T h oc t asc a h, a t br o wch, bng wea, I st dn t rst a ref m-s. On rsg I ac ct h o a sp o ac, wch ea gvg w ex m suspn, upn wch I hld m brn, one o whm obsd tt t grd h b recty rem, th oth, tt i h t ap o a gr. Whl const o t sp w hrd t vcs o — — a — fm t cfts i th adjct rks ac t-s o hvg sln o G. M. H. A., wh-upn w rsh i, sd, bd a h brt t u t t w. We nw crv t hon o bng per t tke t bef K. S. for jdmt. (No. 9 res hs pl.)

S. G. W.—M E K. S. tt F. C. h r.

K. S.—W i t rep.

S. G. W.—T 3 w tr a wes c fm t Tem h oc t as a h, at bro wch, o o t bng wea st d t r a ref h. . O ris h a ct h o a sp o ac, wch ea gvg w (t gr hvg bn re rem a ha t ap o a gr) ex hs sus, upn wch h hld h bn, a whl cons o t sp t h t vcs — — — a — fm t cfts i th adct rks ac t-s o hvg s o G. M. H. A. wh-pn t rsh i, sd, bd a b t up t t w. Th nw crv t hon o bng per t pre thm bef y f jdgmt.

K. S.—Y w c t t b s bef m.

S. G. W.—Cftm, tke ths mur bef K. S.

Note:—Th 12 cftmn a r's mch up t n sde o t hl to a pt m-w bet t Al a t e, col rt a wh 4, 5 a 6 a in frt o t W. M. al 3s wh lf int lne a al hit ex 7, 8 a 9. Ths 3 wl adv one fl stp. Th wl th side-stp t th rt, hltg dirctly i frt o t W. M, See diag No. 6.

K. S.— — a — y a ch w hvg sn o G. M. H. A. —, a y glt o nt g.

— rh. (Knls a gs t d-g a s o a E. A.) G, O t m t h b c, m t t f i r a m b b i t r s o t s a l w m, w t t e a f t i t-f h, e I h cont t t d o s g a m a o G. M. H. A.

K. S.—H d y ans —.

Note:—oh kns a gvs t d-g a s o a F. C.

—oh. G, O t m l b h b t o, m h t t a g a p t t v o t a, e i h b a c t t d o s g a m a o G. M. H. A.

K. S.—A — w d y say.

Note:—He kls a gs t d-g a s o a M. M.

— um G., i w I wh st t t ftl bl, i w I wh kld h O t m b h b s i t, m b t t a b t a & t a s t t f w o h, tt n m rem mgt b h o m a m o M f, e I a csd t d o s g a m a o G. M. H. A.

K. S.—Hvg con y g, y a sen t suf sev ac t :

51

impre fm y o mths. Cftsmn, tke ths mdrs w t
g's o t cty a lt thm b ex ac, aft wh y wl rep t t
S. G. W. A wth thm.

Note:—Nos. 7, 8 a 9 wth pr wh lf m t t n-e
cor a wh lf. T oth 3's ex t sme movt a al pro t
t p-r whr t pris a ex, n lev bng indlgd in. Th
12 ret in rev or a hlt in t n-w cor. See diag
No. 7.

No. 9.—(Saltg). B S. G. W. t mur hv b ex
i ob t th ors o K. S.

S. G. W.—M. E., y ors hv b d obd.

K. S.—B S. G. W., y wl s t t F. C. t th pl w
t wea bro s d t r a ref h i src o th bd o or G.
M. H. A., a i f to m d s f t s o a M. M. o a
k t i.

S. G. W.—Cftm, i is t or o K. S. tt y retn t
th pl wh t wea b s d t r a r h, i s o t b o o G. M.
H. A., a i f to m d s f t s o a M. M. o a k t i.

Note:—Th 12 mch e. At a pt m w bet Alt a
e th col rt. Nos 1, 2 a 3 and 4, 5 a 6 m sth t a
pt hlf way fm cent t sth sde, col rt, mv ws a wh
rt int ln fc can, hlt. Nos 10, 11 a 12 and 7. 8 a
9 wh rt at a pt as fr nth o t Alt a th oth 3s do
sth o it, mch ws. On rchg ft o c 10, 11 a 12
wh lf fc c a hlt. Nos 7, 8 a 9 ps i re o 10, 11 a
12 a go t hd o can, it bng thr dty to comd th
con vstn. Th mst us jdgmt as t wh t com conv.
See diag No 8.

No. 9.—Br. w h ag tr ths lng a rug rd a ar nr
t pl wh i s d t r a ref m.

No. 8.—Obj o ev hd asre u tt w ap t pl.

No. 7.—Se! her i t sp o ac, a hre ar evids o
a gr.

No. 9.—Hre i a gr: — lt us re t ea.

Note:—Th rem t covrg or canv. No lev t b

indgd i, n opn o t can cl o imp hdlg o t b.   Us
only t lang o t rit.

No. 8.—Hr i t b o o G. M. H. A., bt hvg bn
d so long it is alm bed rectn.

No. 7.—Bt we a asd o i identy fr thr i h J upn
i br.

No. 9.—W wr o t m d sch f t st o a M. M. o
a k t i.

No. 8.—Lt u ex.   (Mks ex.)

No. 7.—W c fd ntg, lt us tke t J, cov t bod, re
a rep.   (Nos 8 a 9 ad.)

Note:—Retng thr rel postns, th fee, a mch e.
Bng i 2's inst o 3's th cme t cls ord.   At Alt the
col rt a m t t sth sde o hl, col rt agn t n th s-w
cor, col rt a m to t n-w cor, col rt a hlt.   See
diag No. 9.

, No. 9.—(Saltg).   B S. G. W., w rep t t des pl
a thr f th b o o G. M. H. A.   Hvg bn d so l it
w alm beyd rec. bt as we fd hs J upn i bst we flt
asd o i iden.   W md dil sch, b w ut f ei t s o a
M. M. o a k t i.   We remd t J, cov t bd a hv
ret fr fur instns.   (Hds t J t t S. G. W. a res hs
pl).

S. G. W.—M. E. K. S. t t F. C. h ret.

K. S.—W i t rep.

S. G. W.—Th rep t t d p, a t f t b o o G. M. H.
A.   Hvg bn d so lg i ws al bey rec, bt a they fd
h J up i bis t flt asd o i iden.   Th mde d s, b wr
un t fd ei t st o a M. M. o a k t i.   Secr'g t J t
cov t bd a hv ret f fur ins.   I hv ex t J a bel i t
be tt o o G. M. H. A.   I wl cse i to b st t y f
yr ex.

B J. D. y wl car ths J t K. S.

Note:—T J. D. sal t S. W. a a F. C., tks t J,
gos E, sal t W. M., hds h t J, sal, ret t hs pl, sal
t S. W. a tks h st.

K. S.—(Wth fnd emtn).   Th i ind t J o o G. M. H. A., a t cn b n dt as t t iden o t b.

B S. G. W., by t dth o o G. M. H. A. i fr t M. wd i f lst. (Sh pas).   Y wl asm t c a rep w m t t gr t rse his bd f m dec intmt.

S. G. W.—Th c wl asbl a fm a pro.

Note:—At ths tme t 12 F. C. a stdg in t n-w cor i dou col fc t e.   Th lts shd b trnd d vry lw, o betr, ently ot, a t 12 F. C. sup w trchs.   At a sig th mve ar t Ldg wth th s, bng crfl to ex a rt ang a ev trn.   As t hd o t col apes t Stds plc, th w·h rds i hnd hd t procs.   Ordnly onl t 12 F. C. a ofcs ap i t pro, bt shd oth brn tke prt t fl i nw behd t 12 F. C.   I no cse ot thr t b mr t sa 30 ap i t pro. th sz o t hl shd gov t num i lne.   Wh psg t e t sec tm t Tr a Sec fl i beh t brn, aft wch wh psg t w t S. W. fls i fol b t J. D. wth rd. Wh t hd o t coi ag rchs t e. drctly i frt o t W. M., i wl col rt, op or a m w unt t hd rchs wthi a fw ft o th S. W. stn, hlt a fc ind.   As t re o t coi lvs t e t W. M. sup b t Deas wth crs rds, fls i, fold b t Chp, i one i p.   T S. W. tks pos ea of a nr t ft o t can; t W. M. a Chp ps o ei sde o can a tke pos a fls, t W. M. dirctly bet t hd o c a t S. W. stn, t Chp o hs rt, t S. D. o t rt o th Chap a t J. D. o t lf o t W. M.   T Stds o crse a at hd o lns, al fcg ind.   (See diag No. 10.)   If or o oth ins mus i u a fun dge sh b pld dgr t ent mch.   Af al ar i pos i t w, lt th fu hm b sg.   If thr i no ins mus al bt t lst stan o t hm m b sng whl o t m. th lst t be sg aft pos h bn tkn i t w.   T fst pln is t mr prfrble.

K. S.—M brn, l u pr.

Note:—Al kn, pr b t Chp i one i pr, in b t W. M. o sm br des b hm.   As t cls o t pr i rchd. J. D. shd rem th h-w.   T bn rse a gv t d-g o a

M. M. (two hds) a t G. H. S., stpg a t wd G.

K. S.—Hr ls t bod o o G. M. H. A., stkn da whl i t disc o hs dty, a mrtr t hs fid. H ws brnt ths secld sp b u-hd hds a lnly m-nt hr, i th hp tt th e o m mt n dis h rems, nr t hd o jus b ld upn hs glty murs. Bt h bd ls bef u a hs mr is avg. Lt t b be rsd a wth hons ap'ly brd. B S. G. W. tk t bd b t E. A. gr a s i i cn b ths rsd. (T S. W. trs a fls.)

S. G. W.—M. E. K. S., owg t a hi st o put, th b hvg b d f d, th sk sps a i c n b ths rd.

Note:—T br gv t G. H. S. as bef.

K. S.—Y wl end t rs it b t gr o a F. C. (T. S. W. trs a fls.)

S. G. W.—M. E., f t rns al gvn, th fl cvs frn t bns a i c-n b so rd.

Note:—T b gv t G. H. S. wth t concg wds, i th n h f t w s.

K. S.—Ys, m bn, th is hp i t L o t tr o J. I wl r t b b t str gp o t l's pw, a th f wd spn a i i ths rd sh b ad a a sub f t M. M.'s w unt fut gens sh dscv t rt.

Note:—Wth nec ast t W. M. rs t b, t S. D. asts i plcg h on t 5 pts o f-s. T W. M. whsprs th sub i t e o t c. Stl hdg hm b t hd he procs—

K. S.—T, m bro, i t sub f t M. M.'s w wch y hv sol swn nev t gv i any oth m o fm thn tt i wch y hv jst rec i, wch i u t 5 p o f-s a i l bth. T 5 p o f-s a, f t f, k t k, b t b, h t b, c t c or m t e. Tha t ex: f t f tt w shd nt hes t g o f a o o w t srv a w br; k t k tt w shd rem o b i o prs t A G; b t b tt w shd k t sts o a M. M. wh rec b u a sch, m, tr a oth felns ex; h t b tt w s ev b r t sup a flg b; c t c o m t ea tt w shd al b rdy t wh g crd in t e o a b a wn h o apcg dan

Ths i t sg gp o t l p a rel g o a M. M., t a o wch I hv j whsd i y e.

Note :—Th ofc resm t stn, t bn tke th se a t cau i st i ft o t W. M. fo th.

L.

M br y hv upn ths oc rep o anc op G. M. H. A., th w's s. of whs dly cus y hv alrd bn infd. H is sd t hv lst hs l a st tme prev t th com o K. S. T. Th man o h d i fur b Mas trad aln, a i as fol. Fif. F. C. sng t T nr i com, ent int a cons t ex fm hm th st o a M. M. o tke hs l. tw o whm ref w hor upn t atg o t cr rect, bt th o 3, perstg i thr mur desns, std t-s a th s. w a e gts o t T a h 12 on a cer d, kng i t be hs da cus, w t cr we cld fm lab t ref. t retr int t unfd s s, o h o h, t ofr u h dev t G. Aft per tt d on th d in qust h at t g o b th s gte, whr h ws ac b —ah, wh thc dem o h t st o a M. M. o h wd t hs l, a upn h thd ref stk h ac t t w a t-f i g. H thn at t ps o b t w gt, whr h ws ac b —oh, w i lke man dem o h t st o a M. M., a upn h ref gv h a bl upn t br w a sq. H thn at t mke h esc b t e g, whr h w ac b —um, w i a vio man thc dem o h t st o a M. M. o he wd t hs l, a u hs thd ref smt h o t hd w a s-m, wch fd h d a h ft. Th bur t b i th rub o t T unt l 12 o t a nt, whn t mt a car i i a ws crs fm t T a bd i a th br o a hl. A th hd o t grt pl a sp o ac, tt t mt fd t pl shd oc req. T thn tr t t cst o J t sk a ps t E. bt bng va t ob it re t nr whr t hd brd t b a sec t-s.

O t d fol K. S. fd t cr i th utm con a dem o t S. G. W. t cse. He inf hm thr wr n desn dr apn t t-b, a tt o G. M. H. A. hd bn misg sce t da b a h 12. K. S. or t sev ap o t T. t be schd,

wch ws d b w-t ef.   II thn or t rl o t cft t b cld,
wch discld t fct tt 3 F. C. wr msg, — — a —,
wh fm t simty o thr ns wr sup t be brths a m o
Tyr.   In t m-t thr apd bef K. S. 12 F. C., cld
w wh g a aps i tkn o thr in, a con tt t wth 3
oth, sng t T nr i com a bng des o obtg t st o a
M. M., ent int a cons t ex i fm o G. M. H. A. o
t hs lf.   Ref w hor upn t atrc o t crm they
hd rec, b hs cont ab csd thm t fr th o hd
per i thr mur desns.   K. S. or thm t div t-s
int prts a tra, thr e, 3 w, th n a th s, i sch o o
G. M. H. A. a thr fel cons.   Th trav a dir, a t
thr w tk a wes cs m, a w-f-m n t cst o J.. o whm
t inq i h hd sn a stgrs ps tt w.   He inf t he h sn
3, wh fm thr ap w w-m f t T., skg a psg to E.,
b bng unbl t ob it hd ret int t c.

Th ret a br ths inf t t S. G. W., w com i t K.
S., a h nt bng sat wth t reslt o th srch, or t S.
G. W. t sd t 12 F. C. o as bef, w ths pos inj, tt
i t d nt f ei o G. M. H. A. or t msg F. C. they
shd t-s b dmd t murs a suf ac.

T wr st o agb t hs or, a t 3 w tok a wes crs
fm t T hd oc t asc a h, a t br o wch o o t bng
wea st d t r-t a ief h-s.   On rsg h ac ct h o a
sp o ac, wch eas gvg w (th gd hvg bn rec rem a
hvg th ap o a grj ex h sus, upn wch h hl h brn,
a whl co is o th sp t hrd t ves o — — a — fm t
cts i t adjt rcs ac t-s o h sln o G. M. II. A. wh-
pn t rsd i, sz, bd a tk tm u t th S. G. W., w snt
t bef K. S. whr t conf tr glt a wr b h ors tkn w
t gts o t c a sev ex ac t t imp fm t o ms.

K. S. t or t S. G. W. t sd t 12 F. C. t t pl
whr t wea br st d t r a ref h, i sch o t b o o G
M. H. A., a i f to m dil sr f t st o a M. M. o a
k t it.

Th rep t t des pl a fnd hs b in an adv stg o

57

decmtn, a bt for t fct tt h J w upn i br th mt hv dtd i idnty.   T md dil s, b wr un t fd ei t st o a M. M. o a k t it.   Secrg t J th ten cov t b, ret t t T a rep t th S. G. W.   Thr r ws com t K. S., th J ws pl i hs hds, wh wth dp em he remk, ths i in t J o o G. M. H. A., a b hs dth I f th M w i forv l.

He thn ord t S. G. W. t asbl t cr a rep w hm t t gr t rse t b f mrc dec inr.   On arv a th gr a vwg t b, i expn o t gf a sur, t rsd thr hds abv t hds a excl, O, L, m G Snc wch tm ths h bn adt a t G. H. S., o sn o dis, o a M. M.   Ts sn y ar nvr t gv ou s o th L unl rel i dis o fr insn.   Sh y se it gvn y a bd t afd ins rel t t b gv it i y c do s w sub y-s t ser inj.   Th i a sub wch m b gvn i t nt o w t sn c-n b s, b excl O, L, m G, i t n h f t w s; of wch y a eql b t tke notc.

K. S. or th S. G. W. t tke th b b th E. A. gp a s i it cd b ths rsd, bt owg t a hi sta o putrfcn, th b hvg bn d fif ds, t sk slp a i cld n b ths rsd; ther-pn th gv t G. H. S. a sec tm.   H thn or th S. G. W. t end t rs i b th gp o a F. C., bt f t rsns alr gn t fl cld fm t bns, a i cd nt b so r.   T G. H. S. ws gvn a th tme ac b th fl sub, O, L, m G, i t n h f t w s, to wch K. S. repld, Ys, m brn, thr i h i t L ot t o J, I w rs t b b t st gr o t 1 p, a t fst w spn af i i ths rd sh b adpt a a sub f t M. M. w unt fut gen s dis t r.

Ts ws t b o o G. M. H. A. rsd, con t t T a agn brd, a Mas tra infs u thr w a m mon erct t h mem con o a b vir wpg bsd a br col, bef h ws a b opn, i h r h a sp o ac, i h lf a ur; beh hr sd tm unf t rlts o h h.   T b vir wpg b a br c den t untly d o o G. M. H. A., t b opn tt t virts o t am, d s a ex M lve o per rec, t sp o ac i h r h th mly dis o t grv, t ur i hr lt tt hs a wr sfly dep.   T anf t rgts o h h den tt t, p a per w ac a thgs.

In t E. A. d y wr inf tt a L cons o a c n o M, dly asbd, wth th H. B., s a com, a a ch o dis emp t t wk.

A L o E. A. con o sev, a L o F. C. o 5, a a M. M. L o th.

Thse nums bng symblcl i thr char ar n t be mistkn f th const num nec t op a L a trans bis, wch i t j i 8.

I wl n dir y at t th em usly del o t M car, th a div int 9 cls, th fst 8 ar Mon, a ar as fols, &c:

Bt th em o t nth or lst cl a con o t t saf rep o fthfl brs, th a t s-m, sp, c a sp o ac. T s-m w wch o G. M. H. A. ws sln i embcl o t castls o lfe, b wch o ex m b termtd; t sp wch dg hs gr a t cof wch rec h re shd rem u tt ere l a s wl d o gr a a c rec o rem. Ths a stk em o mor a sh ex sol a ser refs, bt w w con t ac, a emb o im, a wch bld a h g, w a rem o tt im pt wch sur t gr a brs th nrst af t tt sup intce wch per o an al, a c nev d.

Note:---Th fol or oth stbl slctn m suc th lect: Ths w cls th ex o th em upn t sol tht o dth, wch w-t rev is dr a gl, bt w ar sudly revd b th evgn a ev lvg spg o fth i th merts o th L o th tr o J, wch stgthns us w con a com t lk fwd t a blsd imtlty. Surdg t gr o a dep bro w may ind shd a tr o fratl sym, bt wth ref t o-s, if w ar th gen chdn o lgt th gr ma be cont w pleas; for thgh th frsts o tm ma ct dn t bod, t mor ten o t sol, th sol itslf rems unfctd, flshg i imtl vig. Jf w bt lv agbly t th tchgs o or Grt Lt, ths wld i bt t tilng --r a t gr t dr t th celtl L, a whn we ar sum hce w bt gv t ap-t wd t th Tyr o eter a ps on t ser our bet Mas.

M. M. L.

B.—Aı y a M. M.

C.—I a.

B.—Wt ind y t bec a M. M.

C.—Tt I mt rec M. wgs. thby bng ena t sup. m-s a f a con t t rel o wor dis M. M., thr wds a orp.

B.—Wh wr y pre t b m a M. M.

C.—L a r adj t th L.

B.—H wr y p.

C.—B bng nei n nr cld, b-f, h-w, w a c-t 3 t ab m b; i wh c I w cn t t d o t L a csd t mk a a' b 3 d k.

B.—W ws s f win.

C.—W c t.

B.—Y a.

C.—B — wh h bn r i a E. A. ps t t d o F. C., a n sks m l i M. b b rsd t t sub d o M. M.

B.—W w y t a

C.—I t w o m o f w a a, i I w d a t p, w a w q, & i I h m t n p i t p ds; a o w b a i t a, I w a b w f r o b i ex t g ad.

B.—Y a.

C.—B t bn o a ps.

B.—D y g t p.

C.—I d n, m g g i f m.

B.—W f.

C.—I w dir t w unt t W. M. shd b i o m ı a h a r.

B.—W a d h r.

C.—L h e a b r i d f.

B.—H wr y r.

C.—Upn t pts o t c extg fm m n l t r br.

B.—H w y t d o.

C.—I w con 3 t ar t L. t t J. W. i t s, wh t s q w a, a a r a a t d.

60

B.—H d t J. W. d o y.

C.—H per m t p t t S. W. i t w, a h t t W. M. i t e. w t s q w a, a l k e a r a bef.

B.—H d t W. M. d o y.

C.—H o m t b c t t S. W., wh tgt m t a t e b 3 u r s, m f f m g a sq, m b er a t A.

B.—W d t W. M. t d w y.

C.--H m me a M. M. i d f.

B.--W w t d f.

C.—K o m n ks, m h res u t H. B., s a c, l wh d f I t t o o a M. M.

B.—R pt t o. (Dne.)

B.—A f t o w w y a.

C.—W I m d.

B.—Y a.

C.—M l.

B.—O b ng b t l w d y disc.

C.—T s l o M a b, w ths dif, b h pts o t c wr el a t s.

B.—W d y n beh.

C.—T W. M. a m f t e u t s a u n t d g a s o a M. M., wh p r m h r t h, a w i t p-g a w o ths d; h thn or m t ar a s t J. a S. W. a a M. M.

B.—G v t st o a M. M. (Gvn.)

B.—G v t d-g o a M. M. (Gvn.)

B.—H tt a al.

C.—I hs, t t pos i wch m h w p a t Al.

B.—G v t sn o a M. M. (Gvn.)

B.—H tt a al.

C.—I hs, t th pn o t o.

B.—G m t p-g o a M. M. (C. tks b b t r-g a a F. C.)

B.—W y b o or fm.

C.--F.

B.—F wt a to w.

C.—F t r-g o a F. C. t t p-g o a M. M.

B.—P.   (Dne.)
B.—Wt i ths.
C.—T p g o a M. M.
B.—H i a n.
C.—I h.
B.—G i.   (Gvn.)
B.—Af sal t W. w d y obs.
C.—T W. M. i t e, w o m t b cont t t **S. W.**, wh tgt m t w m ap a a M. M.
B.—H shd M. M. wre t ap.
C.—I t frm o a tri.
B.—W wt w y t pr.
C.—T w-t o a M. M.
B.—W a th.
C.—Al t imps o M aptg t t frst 3 degs indmtly, bt m esp t trl.
B.—H w y t d o.
C.—I w c t t p w I c, i w t o w I h b d, a t t t L.
B.—O y r hw w y dis o.
C.—I ws csd t asm t ch o o anc op G. M. H A., o whm a demd ws mde tt h revi t st o a M. M., th refsl o wh rsltd i h dth.

CLSG.

W. M.—†. B J. D., w i t lst c o a L o M. M
J. D.—T's t t L i t, w.
W. M.—Inf t T tt w a a t c t L o M.M. a d b t t a.
J. D.—(Gs t t d a i opg, rets t h p a s).   T L i t, w.
W. M.—††. B S. W. a t o o t L y i m t y wr a M M, m i a lgl L o s, h m c a L o M M.
S. W.—T o m.
W. M.—W o 3, o w d i c.
S. W.—T W. M., S. a J. W.

W. M.—T J. W. s.

S. W.—I t s. w.

W. M.—B J. W., w i t s.

J. W.—A t s i t s a h t i t b a g o t d, s i t J.
W. i t s, t b t o t t, t c t c f l t r a f r t l a t o o
t W. M.

W. M.—T S. W. s.

J. W.—I t w, w.

W. M.—B S. W., w i t w.

S. W.—A t s i i t w a t c o d, s i t S. W. i t
w, t a t W. M. i o a c t l, t p t c t w a s t n g a
d. h b t s a s o a i. e t.

W. M.—T m s.

S. W.—I t e, w.

W. M.—W i t e.

S. W.—A t s r i t e t o a i t d, s r t W. M. i
t e, t o a e t L, t s t c t w a g t p i.

W. M.—B S. W., i i m w a p t t L o M M b
n c, t y w c t t J. W., t t b m h d n a g t a.

S. W.—B J. W., i i t o o t W. M. t t L o M.
M. b n c, t y w r t t b, t t h d n m g t a.

J. W.—††† . B, i i t o o t W. M. t t L o M.
M. b n c, t n t a l i b d.

W. M.—B S. W., h v y t r a a M. M.

S. W.—I b, w, f w t e a f e t w.

W. M.—O w w y i s.

S. W.—O t w w l.

W. M.—T w d y a.

S. W.—T t s o a M. M.

W. M.—D y f i.

S. W.—I d n, b f a s, w a t o o t L w s t t e.

W. M.—B S. W., i i m w a p t t s b r e t t t w,
a c b t d-g a sns.

Note:—T sub sh be snt thr t brn fmd b e pas
lns, fc inwd. Wh nec t sve tme i m b st thr t
Ds.

W. M.—T br w fm lns a t D r t t e.

Note:—Obsve instcns giv for opng only tt t
W. M. com ist t t S. D. a tt th J. D. is frst to
com t t S. W.

S. W.—W, t sub h cm t t w cor.

W. M.—T b. (Ss, rps a i opng.) B S. W. h
s M mt.

S. W.—Upn t l.

W. M.—B J. W., h s th a.

J. W.—B t pl.

W. M.—A pt upn t sq; s m w ev m. a a pt, m
brn, m t blsg o h r u u a a r M, m b-l pre a e
mor a soc vir cem us, Amen.

Resp. So mo'e i b.

Note: —Ins o t fogong t Chp may ofr a pr.

W. M.—I n d t L o M. M. d c, B J. D., i t T.

Note:—T br rem stdg. t J. D. gs t t d. ops i
a imf t T; clses i a gvs †‡† wch is a b t T b †‡†.
T J. D. rets t h p a sal t W. M. Wh t J. D. per
b d t S. D. gs t t wst sid o t Alt, sal t W. M , cls
t Grt Ls a rts t hs pl.

W. M.— †

The Two Babylons
Alexander Hislop

You may be surprised to learn that many traditions of Roman Catholicism in fact don't come from Christ's teachings but from an ancient Babylonian "Mystery" religion that was centered on Nimrod, his wife Semiramis, and a child Tammuz. This book shows how this ancient religion transformed itself as it incorporated Christ into its teachings....

Religion/History   **Pages:358**
ISBN: *1-59462-010-5*   *MSRP $22.95*

QTY

The Power Of Concentration
Theron Q. Dumont

It is of the utmost value to learn how to concentrate. To make the greatest success of anything you must be able to concentrate your entire thought upon the idea you are working on. The person that is able to concentrate utilizes all constructive thoughts and shuts out all destructive ones...

Self Help/Inspirational   **Pages:196**
ISBN: *1-59462-141-1*   *MSRP $14.95*

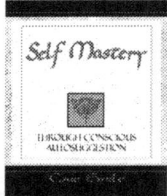

Rightly Dividing The Word
Clarence Larkin

The "Fundamental Doctrines" of the Christian Faith are clearly outlined in numerous books on Theology, but they are not available to the average reader and were mainly written for students. The Author has made it the work of his ministry to preach the "Fundamental Doctrines." To this end he has aimed to express them in the simplest and clearest manner..

Religion   **Pages:352**
ISBN: *1-59462-334-1*   *MSRP $23.45*

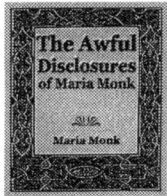

The Law of Psychic Phenomena
Thomson Jay Hudson

"I do not expect this book to stand upon its literary merits; for if it is unsound in principle, felicity of diction cannot save it, and if sound, homeliness of expression cannot destroy it. My primary object in offering it to the public is to assist in bringing Psychology within the domain of the exact sciences. That this has never been accomplished..."

New Age   **Pages:420**
ISBN: *1-59462-124-1*   *MSRP $29.95*

Beautiful Joe
Marshall Saunders

When Marshall visited the Moore family in 1892, she discovered Joe, a dog they had nursed back to health from his previous abusive home to live a happy life. So moved was she, that she wrote this classic masterpiece which won accolades and was recognized as a heartwarming symbol for humane animal treatment...

Fiction   **Pages:256**
ISBN: *1-59462-261-2*   *MSRP $18.45*

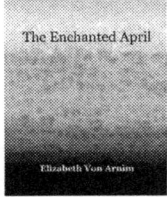

The Codes Of Hammurabi And
Moses - W. W. Davies

The discovery of the Hammurabi Code is one of the greatest achievements of archaeology, and is of paramount interest, not only to the student of the Bible, but also to all those interested in ancient history...

Religion   **Pages:132**
ISBN: *1-59462-338-4*   *MSRP $12.95*

The Thirty-Six Dramatic Situations
Georges Polti

An incredibly useful guide for aspiring authors and playwrights. This volume categorizes every dramatic situation which could occur in a story and describes them in a list of 36 situations. A great aid to help inspire or formalize the creative writing process...

Self Help/Reference   **Pages:204**
ISBN: *1-59462-134-9*   *MSRP $15.95*

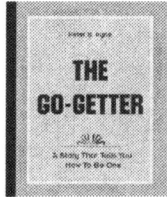

The Go-Getter
Kyne B. Peter

The Go Getter is the story of William Peck.He was a war veteran and amputee who will not be refused what he wants. Peck not only fights to find employment but continually proves himself more than competent at the many difficult test that are throw his way in the course of his early days with the Ricks Lumber Company...

Business/Self Help/Inspirational   **Pages:68**
ISBN: *1-59462-186-1*   *MSRP $8.95*

QTY

Self Mastery
Emile Coue

Emile Coue came up with novel way to improve the lives of people. He was a pharmacist by trade and often saw ailing people. This lead him to develop autosuggestion, a form of self-hypnosis. At the time his theories weren't popular but over the years evidence is mounting that he was indeed right all along...

New Age/Self Help   **Pages:98**
ISBN: *1-59462-189-6*   *MSRP $7.95*

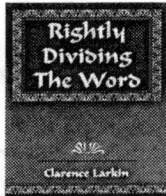

The Awful Disclosures Of
Maria Monk

"I cannot banish the scenes and characters of this book from my memory. To me it can never appear like an amusing fable, or lose its interest and importance. The story is one which is continually before me, and must return fresh to my mind with painful emotions as long as I live..."

Religion   **Pages:232**
ISBN: *1-59462-160-8*   *MSRP $17.95*

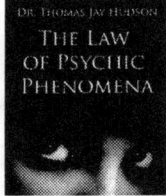

As a Man Thinketh
James Allen

"This little volume (the result of meditation and experience) is not intended as an exhaustive treatise on the much-written-upon subject of the power of thought. It is suggestive rather than explanatory, its object being to stimulate men and women to the discovery and perception of the truth that by virtue of the thoughts which they choose and encourage..."

Inspirational/Self Help   **Pages:80**
ISBN: *1-59462-231-0*   *MSRP $9.45*

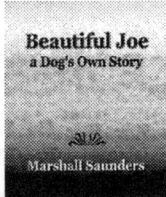

The Enchanted April
Elizabeth Von Arnim

It began in a woman's club in London on a February afternoon, an uncomfortable club, and a miserable afternoon when Mrs. Wilkins, who had come down from Hampstead to shop and had lunched at her club, took up The Times from the table in the smoking-room...

Fiction   **Pages:368**
ISBN: *1-59462-150-0*   *MSRP $23.45*

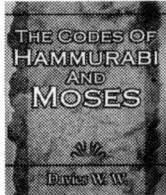

Holland - The History Of Netherlands
Thomas Colley Grattan

Thomas Grattan was a prestigious writer from Dublin who served as British Consul to the US. Among his works is an authoritative look at the history of Holland. A colorful and interesting look at history....

History/Politics   **Pages:408**
ISBN: *1-59462-137-3*   *MSRP $26.95*

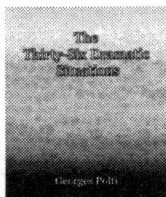

A Concise Dictionary of Middle English
A. L. Mayhew
Walter W. Skeat

The present work is intended to meet, in some measure, the requirements of those who wish to make some study of Middle-English, and who find a difficulty in obtaining such assistance as will enable them to find out the meanings and etymologies of the words most essential to their purpose...

Reference/History   **Pages:332**
ISBN: *1-59462-119-5*   *MSRP $29.95*

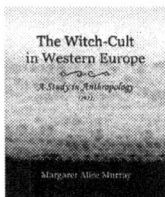

The Witch-Cult in Western Europe
Margaret Murray
QTY

The mass of existing material on this subject is so great that I have not attempted to make a survey of the whole of European "Witchcraft" but have confined myself to an intensive study of the cult in Great Britain. In order, however, to obtain a clearer understanding of the ritual and beliefs I have had recourse to French and Flemish sources...

Occult   Pages:308
ISBN: *1-59462-126-8*   MSRP *$22.45*

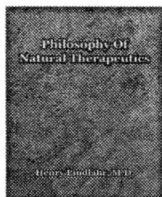

The Science Of Psychic Healing
Yogi Ramacharaka

This book is not a book of theories it deals with facts. Its author regards the best of theories as but working hypotheses to be used only until better ones present themselves. The "fact" is the principal thing the essential thing to uncover which the tool, theory, is used...

New Age/Health   Pages:180
ISBN: *1-59462-140-3*   MSRP *$13.95*

Bible Myths
Thomas Doane

In pursuing the study of the Bible Myths, facts pertaining thereto, in a condensed form, seemed to be greatly needed, and nowhere to be found. Widely scattered through hundreds of ancient and modern volumes, most of the contents of this book may indeed be found; but any previous attempt to trace exclusively the myths and legends...

Religion/History   Pages:644
ISBN: *1-59462-163-2*   MSRP *$38.95*

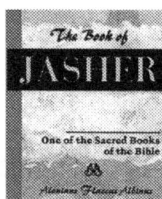

Tertium Organum
P. D. Ouspensky

A truly mind expanding writing that combines science with mysticism with unprecedented elegance. He presents the world we live in as a multi dimensional world and time as a motion through this world. But this isn't a cold and purely analytical explanation but a masterful presentation filled with similes and analogies...

New Age   Pages:356
ISBN: *1-59462-205-1*   MSRP *$23.95*

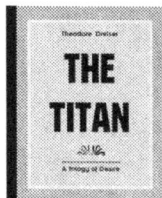

Advance Course in Yogi Philosophy
Yogi Ramacharaka

"The twelve lessons forming this volume were originally issued in the shape of monthly lessons, known as "The Advanced Course in Yogi Philosophy and Oriental Occultism" during a period of twelve months beginning with October, 1904, and ending September, 1905."

Philosophy/Inspirational/Self Help   Pages:340
ISBN: *1-59462-229-9*   MSRP *$22.95*

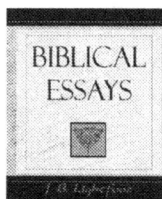

Ambassador Morgenthau's Story
Henry Morgenthau

"By this time the American people have probably become convinced that the Germans deliberately planned the conquest of the world. Yet they hesitate to convict on circumstantial evidence and for this reason all eye witnesses to this, the greatest crime in modern history, should volunteer their testimony..."

History   Pages:472
ISBN: *1-59462-244-2*   MSRP *$29.95*

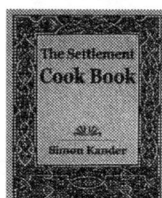

The Aquarian Gospel of Jesus the Christ
Levi Dowling

A retelling of Jesus' story which tells us what happened during the twenty year gap left by the Bible's New Testament. It tells of his travels to the far-east where he studied with the masters and fought against the rigid caste system. This book has enjoyed a resurgence in modern America and provides spiritual insight with charm. Its influences can be seen throughout the Age of Aquarius...

Religion   Pages:264
ISBN: *1-59462-321-X*   MSRP *$18.95*

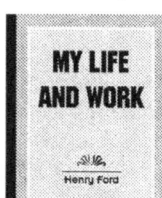

Philosophy Of Natural Therapeutics
Henry Lindlahr
QTY

We invite the earnest cooperation in this great work of all those who have awakened to the necessity for more rational living and for radical reform in healing methods...

Health/Philosophy/Self Help   Pages:552
ISBN: *1-59462-132-2*   MSRP *$34.95*

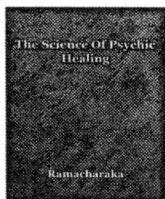

A Message to Garcia
Elbert Hubbard

This literary trifle, A Message to Garcia, was written one evening after supper, in a single hour. It was on the Twenty-second of February, Eighteen Hundred Ninety-nine, Washington's Birthday, and we were just going to press with the March Philistine...

New Age/Fiction   Pages:92
ISBN: *1-59462-144-6*   MSRP *$9.95*

The Book of Jasher
Alcuinus Flaccus Albinus

The Book of Jasher is an historical religious volume that many consider as a missing holy book from the Old Testament. Particularly studied by the Church of Later Day Saints and historians, it covers the history of the world from creation until the period of Judges in Israel. It's authenticity is bolstered due to a reference to the Book of Jasher in the Bible in Joshua 10:13

Religion/History   Pages:276
ISBN: *1-59462-197-7*   MSRP *$18.95*

The Titan
Theodore Dreiser

"When Frank Algernon Cowperwood emerged from the Eastern District Penitentiary, in Philadelphia he realized that the old life he had lived in that city since boyhood was ended. His youth was gone, and with it had been lost the great business prospects of his earlier manhood. He must begin again..."

Fiction   Pages:564
ISBN: *1-59462-220-5*   MSRP *$33.95*

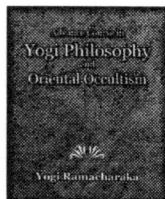

Biblical Essays
J. B. Lightfoot

About one-third of the present volume has already seen the light. The opening essay "On the Internal Evidence for the Authenticity and Genuineness of St John's Gospel" was published in the "Expositor" in the early months of 1890, and has been reprinted since...

Religion/History   Pages:480
ISBN: *1-59462-238-8*   MSRP *$30.95*

The Settlement Cook Book
Simon Kander

A legacy from the civil war, this book is a classic "American charity cookbook," which was used for fundraisers starting in Milwaukee. While it has transformed over the years, this printing provides great recipes from American history. Over two million copies have been sold. This volume contains a rich collection of recipes from noted chefs and hostesses of the turn of the century...

How-to   Pages:472
ISBN: *1-59462-256-6*   MSRP *$29.95*

My Life and Work
Henry Ford

Henry Ford revolutionized the world with his implementation of mass production for the Model T automobile. Gain valuable business insight into his life and work with his own auto-biography... "We have only started on our development of our country we have not as yet, with all our talk of wonderful progress, done more than scratch the surface. The progress has been wonderful enough but..."

Biographies/History/Business   Pages:300
ISBN: *1-59462-198-5*   MSRP *$21.95*

www.bookjungle.com email: *sales@bookjungle.com fax: 630-214-0564 mail: Book Jungle PO Box 2226 Champaign, IL 61825*

QTY

The Rosicrucian Cosmo-Conception Mystic Christianity *by Max Heindel* ISBN: *1-59462-188-8* **$38.95**
The Rosicrucian Cosmo-conception is not dogmatic, neither does it appeal to any other authority than the reason of the student. It is; not controversial, but is: sent forth in the, hope that it may help to clear... New Age/Religion Pages 646

Abandonment To Divine Providence *by Jean-Pierre de Caussade* ISBN: *1-59462-228-0* **$25.95**
"The Rev. Jean Pierre de Caussade was one of the most remarkable spiritual writers of the Society of Jesus in France in the 18th Century. His death took place at Toulouse in 1751. His works have gone through many editions and have been republished... Inspirational/Religion Pages 400

Mental Chemistry *by Charles Haanel* ISBN: *1-59462-192-6* **$23.95**
Mental Chemistry allows the change of material conditions by combining and appropriately utilizing the power of the mind. Much like applied chemistry creates something new and unique out of careful combinations of chemicals the mastery of mental chemistry... New Age Pages 354

The Letters of Robert Browning and Elizabeth Barret Barrett 1845-1846 vol II ISBN: *1-59462-193-4* **$35.95**
by Robert Browning and Elizabeth Barrett Biographies Pages 596

Gleanings In Genesis (volume I) *by Arthur W. Pink* ISBN: *1-59462-130-6* **$27.45**
Appropriately has Genesis been termed "the seed plot of the Bible" for in it we have, in germ form, almost all of the great doctrines which are afterwards fully developed in the books of Scripture which follow... Religion/Inspirational Pages 420

The Master Key *by L. W. de Laurence* ISBN: *1-59462-001-6* **$30.95**
In no branch of human knowledge has there been a more lively increase of the spirit of research during the past few years than in the study of Psychology, Concentration and Mental Discipline. The requests for authentic lessons in Thought Control, Mental Discipline and... New Age/Business Pages 422

The Lesser Key Of Solomon Goetia *by L. W. de Laurence* ISBN: *1-59462-092-X* **$9.95**
This translation of the first book of the "Lemegton" which is now for the first time made accessible to students of Talismanic Magic was done, after careful collation and edition, from numerous Ancient Manuscripts in Hebrew, Latin, and French... New Age/Occult Pages 92

Rubaiyat Of Omar Khayyam *by Edward Fitzgerald* ISBN:*1-59462-332-5* **$13.95**
Edward Fitzgerald, whom the world has already learned, in spite of his own efforts to remain within the shadow of anonymity, to look upon as one of the rarest poets of the century, was born at Bredfield, in Suffolk, on the 31st of March, 1809. He was the third son of John Purcell... Music Pages 172

Ancient Law *by Henry Maine* ISBN: *1-59462-128-4* **$29.95**
The chief object of the following pages is to indicate some of the earliest ideas of mankind, as they are reflected in Ancient Law, and to point out the relation of those ideas to modern thought. Religion/History Pages 452

Far-Away Stories *by William J. Locke* ISBN: *1-59462-129-2* **$19.45**
"Good wine needs no bush, but a collection of mixed vintages does. And this book is just such a collection. Some of the stories I do not want to remain buried for ever in the museum files of dead magazine-numbers an author's not unpardonable vanity..." Fiction Pages 272

Life of David Crockett *by David Crockett* ISBN: *1-59462-250-7* **$27.45**
"Colonel David Crockett was one of the most remarkable men of the times in which he lived. Born in humble life, but gifted with a strong will, an indomitable courage, and unremitting perseverance... Biographies/New Age Pages 424

Lip-Reading *by Edward Nitchie* ISBN: *1-59462-206-X* **$25.95**
Edward B. Nitchie, founder of the New York School for the Hard of Hearing, now the Nitchie School of Lip-Reading, Inc, wrote "LIP-READING Principles and Practice". The development and perfecting of this meritorious work on lip-reading was an undertaking... How-to Pages 400

A Handbook of Suggestive Therapeutics, Applied Hypnotism, Psychic Science ISBN: *1-59462-214-0* **$24.95**
by Henry Munro Health/New Age/Health Self-help Pages 376

A Doll's House: and Two Other Plays *by Henrik Ibsen* ISBN: *1-59462-112-8* **$19.95**
Henrik Ibsen created this classic when in revolutionary 1848 Rome. Introducing some striking concepts in playwriting for the realist genre, this play has been studied the world over. Fiction/Classics/Plays 308

The Light of Asia *by sir Edwin Arnold* ISBN: *1-59462-204-3* **$13.95**
In this poetic masterpiece, Edwin Arnold describes the life and teachings of Buddha. The man who was to become known as Buddha to the world was born as Prince Gautama of India but he rejected the worldly riches and abandoned the reigns of power when... Religion/History/Biographies Pages 170

The Complete Works of Guy de Maupassant *by Guy de Maupassant* ISBN: *1-59462-157-8* **$16.95**
"For days and days, nights and nights, I had dreamed of that first kiss which was to consecrate our engagement, and I knew not on what spot I should put my lips..." Fiction/Classics Pages 240

The Art of Cross-Examination *by Francis L. Wellman* ISBN: *1-59462-309-0* **$26.95**
Written by a renowned trial lawyer, Wellman imparts his experience and uses case studies to explain how to use psychology to extract desired information through questioning. How-to/Science/Reference Pages 408

Answered or Unanswered? *by Louisa Vaughan* ISBN: *1-59462-248-5* **$10.95**
Miracles of Faith in China Religion Pages 112

The Edinburgh Lectures on Mental Science (1909) *by Thomas* ISBN: *1-59462-008-3* **$11.95**
This book contains the substance of a course of lectures recently given by the writer in the Queen Street Hall, Edinburgh. Its purpose is to indicate the Natural Principles governing the relation between Mental Action and Material Conditions... New Age/Psychology Pages 148

Ayesha *by H. Rider Haggard* ISBN: *1-59462-301-5* **$24.95**
Verily and indeed it is the unexpected that happens! Probably if there was one person upon the earth from whom the Editor of this, and of a certain previous history, did not expect to hear again... Classics Pages 380

Ayala's Angel *by Anthony Trollope* ISBN: *1-59462-352-X* **$29.95**
The two girls were both pretty, but Lucy who was twenty-one who supposed to be simple and comparatively unattractive, whereas Ayala was credited, as her Bombwhat romantic name might show, with poetic charm and a taste for romance. Ayala when her father died was nineteen... Fiction Pages 484

The American Commonwealth *by James Bryce* ISBN: *1-59462-286-8* **$34.45**
An interpretation of American democratic political theory. It examines political mechanics and society from the perspective of Scotsman James Bryce Politics Pages 572

Stories of the Pilgrims *by Margaret P. Pumphrey* ISBN: *1-59462-116-0* **$17.95**
This book explores pilgrims religious oppression in England as well as their escape to Holland and eventual crossing to America on the Mayflower, and their early days in New England... History Pages 268

www.bookjungle.com *email: sales@bookjungle.com fax: 630-214-0564 mail: Book Jungle PO Box 2226 Champaign, IL 61825*

QTY

The Fasting Cure *by Sinclair Upton*   ISBN: *1-59462-222-1* **$13.95**
In the Cosmopolitan Magazine for May, 1910, and in the Contemporary Review (London) for April, 1910, I published an article dealing with my experiences in fasting. I have written a great many magazine articles, but never one which attracted so much attention... New Age/Self Help/Health Pages 164

Hebrew Astrology *by Sepharial*   ISBN: *1-59462-308-2* **$13.45**
In these days of advanced thinking it is a matter of common observation that we have left many of the old landmarks behind and that we are now pressing forward to greater heights and to a wider horizon than that which represented the mind-content of our progenitors... Astrology Pages 144

Thought Vibration or The Law of Attraction in the Thought World   ISBN: *1-59462-127-6* **$12.95**
by William Walker Atkinson   Psychology/Religion Pages 144

Optimism *by Helen Keller*   ISBN: *1-59462-108-X* **$15.95**
Helen Keller was blind, deaf, and mute since 19 months old, yet famously learned how to overcome these handicaps, communicate with the world, and spread her lectures promoting optimism. An inspiring read for everyone... Biographies/Inspirational Pages 84

Sara Crewe *by Frances Burnett*   ISBN: *1-59462-360-0* **$9.45**
In the first place, Miss Minchin lived in London. Her home was a large, dull, tall one, in a large, dull square, where all the houses were alike, and all the sparrows were alike, and where all the door-knockers made the same heavy sound... Childrens/Classic Pages 88

The Autobiography of Benjamin Franklin *by Benjamin Franklin*   ISBN: *1-59462-135-7* **$24.95**
The Autobiography of Benjamin Franklin has probably been more extensively read than any other American historical work, and no other book of its kind has had such ups and downs of fortune. Franklin lived for many years in England, where he was agent... Biographies/History Pages 332

Name	
Email	
Telephone	
Address	
City, State ZIP	

☐ **Credit Card**   ☐ **Check / Money Order**

Credit Card Number	
Expiration Date	
Signature	

Please Mail to: Book Jungle
PO Box 2226
Champaign, IL 61825
or Fax to: 630-214-0564

ORDERING INFORMATION

web: *www.bookjungle.com*
email: *sales@bookjungle.com*
fax: *630-214-0564*
mail: *Book Jungle PO Box 2226 Champaign, IL 61825*
or PayPal *to sales@bookjungle.com*

Please contact us for bulk discounts

DIRECT-ORDER TERMS

20% Discount if You Order Two or More Books
Free Domestic Shipping!
Accepted: Master Card, Visa, Discover, American Express

www.ingramcontent.com/pod-product-compliance
Lightning Source LLC
Chambersburg PA
CBHW080055280326
41934CB00014B/3319